KB122455

태왕의 꿈

태왕의 꿈

고구려 중흥의 군주
미천왕 평전

이 성 재 지음

혜안

간행사

미천 임금 을불은 낙랑군과 대방군을 정복하여 서한이 **빼앗은** 위만조선의 영토를 4백여 년 만에 완전히 회복했을 뿐 아니라 고구려를 위협하던 중국의 군현들을 모두 공파하여 국사 교과서에도 실려 있을 정도로 유명한 고구려의 제15대 임금이다.

하지만 오늘날 미천 임금에 대한 사료가 거의 남아 있지 않고 미천 임금에 대한 연구도 많지 않아서인지 실제 미천 임금에 대해 알고 있는 사람들은 그다지 많지 않다.

미천 임금은 즉위하기까지 한국 역사상 가장 큰 고난을 겪은 임금 가운데 한 사람이라고 할 수 있다. 미천 임금은 임금의 손자로 태어났으나 아버지 돌고가 반역 혐의로 살해되었기 때문에 어린 소년의 몸으로 궁을 탈출해야 했다.

본래 서민이었다 해도 매우 힘든 상황이었을 터인데 궁에서 편한 생활을 하던 소년이 갑자기 스스로 자신의 생계를 꾸려야 한다는

6

것은 정말 감당하기 어려운 일이었을 것이다. 그러나 미천 임금은 몰인정한 주인 밑에서 1년 동안 머슴 노릇을 하기도 하고 소금 행상을 하기도 하면서 스스로의 생계를 꾸려나가기 위해 하루하루 힘든 노동을 견뎌내었다. 미천 임금의 고난은 이뿐만이 아니었다. 미천 임금은 자신을 살해하기 위해 궁에서 파견된 추격자도 따돌려 야만 했다. 어린 나이에 생계를 위한 노동을 하면서 자신을 살해하기 위해 따라붙는 추격자까지 피해 도망쳐야 하는 현실은 정말 가혹한 것이었다.

미천 임금이 많은 어려움을 이겨내고 즉위한 이후에도 그의 시련이 모두 끝난 것은 아니었다. 미천 임금은 그 사후에 모용선비에 의해 자신의 무덤이 파헤쳐지고 그 시신이 인질로 끌려가는 유례없는 사건의 주인공이 되었다. 얼마 지나지 않아 미천 임금의 시신은 고구려로 돌아왔으나 그가 새로 묻힌 무덤의 위치에 대해서는 여전히 논란거리로 남아 있다.

한국사에서 미천 임금의 극적인 삶에 비길 만한 군주는 궁예나 견훤 정도만이 있을 뿐이다. 하지만 궁예와 견훤이 한 나라의 창건 자임을 생각할 때 미천 임금의 삶은 정말 보기 드문 일이라고 할 수 있다.

하지만 만일 미천 임금이 임금의 자리에 오른 것으로 만족하고 아무런 치적도 남기지 않았더라면 그의 삶 또한 흥미로운 하나의 이야기꺼리로 그쳤을 것이다. 그러나 미천 임금은 당시 고구려가 처한 상황을 이해하고 그것을 타개하기 위해 여러 가지 노력을 하였고 많은 성과를 올렸다.

고구려가 제국으로서의 기반을 굳건히 하는 서기 4세기에 있어서 소수림 임금의 체제 정비와 광개토 임금의 정복 활동에 비해 미천 임금과 그 뒤를 이은 고국원 임금의 통치는 일반적으로 저평가되거나 무시되는 경향이 있다.

특히 고국원 임금의 치세에 대하여 고구려의 심각한 위기였다고 보는 관점이 널리 퍼져 있다. 심지어 어떤 이는 당시 고구려가 모용선비의 압박에 밀려 꼼짝할 수 없는 상황이었다고 말하기도 한다.

그러나 실제 역사를 자세히 살펴보면 고국원 임금 시기 고구려가 모용선비에게 도성이 함락당하고 많은 인적·물적 자원을 약탈당했음에도 고구려는 모용선비에 대항하여 스스로를 지키고 모용선비를 견제할 수 있는 힘을 가지고 있었음을 알 수 있다.

고구려가 모용선비에 반대한 망명자들을 받아들인 과정을 살펴보면 고구려가 모용선비에게 도성을 함락당하고 태후와 왕후 등이 모용선비에 인질로 잡혀 있음에도 고구려가 지속적으로 모용선비를 견제하려고 노력했음을 보여주고 있다. 이것은 이 시기에 고구려가 일방적으로 모용선비에게 압도되었다는 기존의 일부 견해가 잘못되었음을 보여준다.

물론 고국원 임금의 치세가 고구려의 역사에서 하나의 위기였음은 부정할 수 없다. 그럼에도 고구려가 이 전례 없는 위기를 극복하고 몇 십 년 지나지 않아 전성기를 열 수 있었던 데에는 미천 임금의 숨겨진 업적이 있었던 것이다.

이 글은 미천 임금의 삶을 본격적으로 조명한 최초의 시도라는 데 그 의의가 있다. 앞서 설명한 것처럼 미천 임금에 대한 사료는 매우 적기 때문에 이 글을 완성하는 데 많은 연구자들의 연구로부터 큰 도움을 받았다. 고구려의 역사는 아직 알려진 부분보다는 알려지지 않은 부분이 많다. 부족하지만 이 글이 고구려와 미천 임금을 바르게 알리는 데 조금이나마 도움이 되었으면 하는 바람이다.

묵묵히 지원해 주시는 부모님과 하나뿐인 동생 현숙이, 늘 좋은 조언을 해주는 석훈 형과 정환 군, 금림 양, 그리고 이 글을 세상에 내놓을 수 있도록 도와주신 혜안출판사에 감사드린다.

글 싣는 차례

간행사 5

글 싣는 차례 9

고구려 임금 계보 13

모용선비 임금 계보 14

미천 임금 시기의 관위 및 관직 15

참고 지도 19

여는 글_불타는 연군 21

1. 고난의 어린 시절 27

    모반 사건 27 | 안국군 달가 29 | 달가의 죽음 30 | 모용선비의 기습 31 | 모
    용외의 부여 침공과 고구려 32 | 모용선비의 추격 36 | 돌고의 피살과 을불
    의 도망 38

2. 소용돌이치는 동북아 43

    중국의 정세 44 | 선비족의 등장 45 | 선비족의 성장 46 | 모용선비의 기원

10

47 | 고대 한민족과 동호 48 | 고구려와 선비 49 | 모용선비의 시조 건라 50 | 대수 모용과 모용선비 51 | 모용선비의 대두 53 | 고구려와 모용선비의 접촉 53 | 고구려·위 전쟁과 모용선비 55 | 영주 모용외 56 | 모용외의 즉위 57 | 모용외의 대외정책과 고구려 58

3. 을불의 등극 63

을불의 형편 64 | 모용외의 무덤 도굴 시도 64 | 고노자의 활약 68 | 국상 창조리 69 | 자연재해와 상부의 실정 70 | 상부와 창조리의 갈등 73 | 소금행상 을불 76 | 상부의 폐위와 을불의 즉위 80

4. 패권 전쟁 87

서진의 혼미 87 | 흉폭한 가후와 어리석은 혜제 88 | 혼란의 시작 91 | 태자 피살 92 | 거듭되는 혼란 94 | 현도군 침공 95 | 내란의 끝 97 | 서진의 몰락과 동진의 성립 99 | 서안평 함락 100 | 낙랑군 정복 103 | 낙랑군의 위치 105 | 평안남도 황해도 지역 지배 111 | 태자 책봉 114 | 을불의 가족 115 | 을불과 정변 세력 117 | 모용선비의 성장 118 | 모용외의 우문선비 격퇴 120 | 요동의 혼란과 모용선비의 팽창 122 | 극성 진공 124 | 극성 포위 126 | 우문선비의 패배와 최비의 고구려 망명 129 | 공방전 130 | 미완의 위업 132 | 후조와의 동맹 시도 132 | 을불의 죽음 133

5. 볼모가 된 주검 143

고구려와 전연의 대립 143 | 전연의 고구려 침공 146 | 볼모가 된 을불 152 | 돌아온 을불의 시신 155 | 안악3호 무덤의 주인은 누구인가 160 | 태후 주씨의 귀환 172 | 전연의 멸망과 고구려 174

6. 을불의 업적과 평가 185

을불의 업적 185 | 고구려 대외팽창의 내부 요인 187 | 태왕 칭호의 확립

189 | 고구려의 군사력 강화 197 | 고구려 대외팽창의 외부 요인 204 | 을불의 한계 205 | 중흥의 군주 을불 208

닫는 글_ 최후의 승자   215

이합집산 215 | 모용선비의 부활과 고구려의 대응 217 | 새로운 시작 218

부록_ 미천 임금(재위 300~331) 시대의 세계   223

연표   229
참고문헌   233
찾아보기   241

고구려 임금 계보

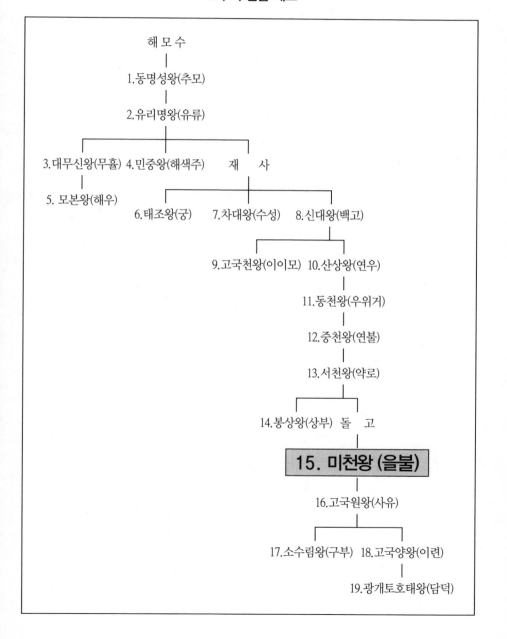

모용선비 임금 계보

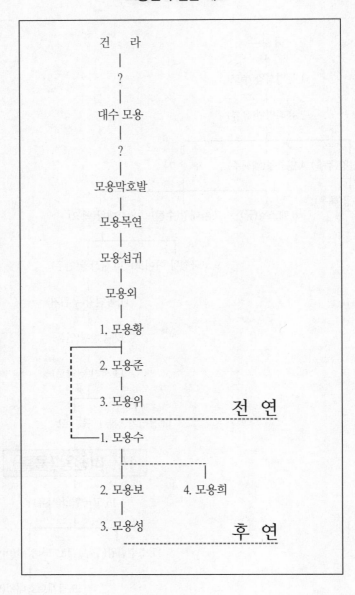

건　라
|
?
|
대수 모용
|
?
|
모용막호발
|
모용목연
|
모용섭귀
|
모용외
|
1. 모용황
|
2. 모용준
|
3. 모용위　　　　　　전 연
|
1. 모용수
|
2. 모용보　　4. 모용희
|
3. 모용성　　　　　　후 연

미천 임금 시기의 관위 및 관직

관위

● 패자   沛者. 고위 관위로 국상을 관직으로 맡을 수 있으며
           『삼국지』에도 보인다.

● 대주부   大主簿. 국상을 관직으로 맡을 수 있는 고위의 관위다.

● 주부   主簿. 『삼국지』에서도 볼 수 있다.

● 우태   于台. 국상을 맡을 수 있는 고위 관위다. 『삼국지』에
           우태(優台)가 보인다.

● 대사자   大使者. 대주부보다 낮은 관위다.

● 구사자   九使者. 관위로 추정된다.

● 사자   使者. 관위로 추정된다. 『삼국지』에서도 볼 수 있다.

● 대형   大兄. 태수급 관직을 맡을 수 있는 관위다.

● 소형   小兄. 태수보다는 아래의 관위로 재라는 관직을 맡을
           수 있다.

● 조의   皂衣. 패자보다 아래의 관위다. 『삼국지』로 추정하건
           대, 최하위 관위 가운데 하나로 보인다.

관직

● 국상   國相. 국상은 기존의 좌우보제를 고쳐 신대 임금 2년(서
　　　　　기 167)부터 등장한 고구려의 최고 관직으로 종신직이
　　　　　다. 미천 임금 시기에는 창조리가 국상을 맡았다. 『삼국
　　　　　지』에 보이는 상가는 관위가 아니라 관직으로 국상과
　　　　　관련이 있다고 생각되나 확실하지 않다. '상'이라는 관
　　　　　직은 이미 위만조선 시기에 보이나 후세의 역사가들이
　　　　　고유한 관직 이름을 한자식으로 바꾸어 쓴 것이라는
　　　　　주장도 있다.

● 중외대부   中畏大夫. 국상보다는 아래의 관직이나 우태와 패자
　　　　　관위가 맡을 수 있는 고위 관직이다.

● 태수   太守. 고위의 지방 관직이다.

● 재   宰. 태수보다는 아래의 지방관직으로 추정된다.

특수 칭호

- 고추가　　古鄒加. 왕족과 특수한 귀족을 부른 칭호로 생각되며
　　　　　　태조 임금의 아버지 재사와 미천 임금의 아버지 돌고,
　　　　　　문자 임금의 아버지 조다가 고추(대)가로 칭해졌다.
　　　　　　『삼국지』에 고추가가 보인다.
- 대가　　　大加. 왕족과 특수한 귀족을 부른 칭호로 추측된다.

기타

- 평자　　　評者. 관직인지 관위인지 불명확하다.

주) 고구려 초기 관직인 대보와 좌, 우보는 신대 임금 이전에 사라졌으며 위의
　　관위와 관직은 고구려 초기부터 미천 임금 재위 시기까지의 『삼국사기』에서
　　관련 기록을 뽑아 정리한 것이다.

참고문헌 : 이지린·강인숙, 『고구려 역사』, 서울: 논장, 1988, 177~187쪽.

참고

1	상가(相加)
2	대로(對盧)
3	패자(沛者)
4	고추가(古雛加)
5	주부(主簿)
6	우태(優台)
7	승(丞)
8	사자(使者)
9	조의(皁衣)
10	선인(先人)

『삼국지』「오환선비동이전」에 보이는 고구려의 관위

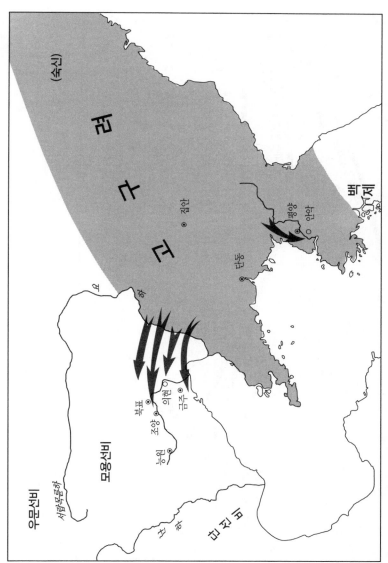

19

미천 임금 시기 고구려의 진공방향

20

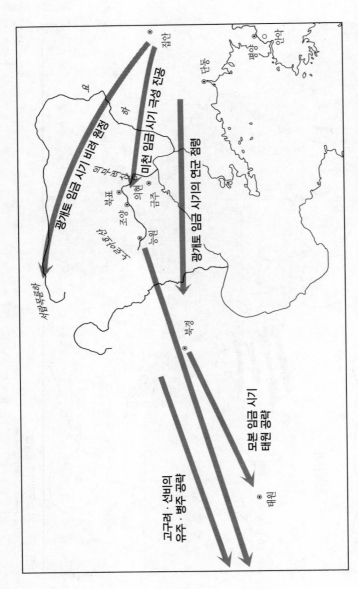

고구려의 역대 주요 원정

여는 글_ **불타는 연군**

광개토호태왕(廣開土好太王) 담덕(談德)은 즉위하자마자 활발한 대외원정을 펼쳤다. 즉위 원년 9월에는 거란을 깨뜨리고 영락 5년에는 서랍목륜하 부근의 비려를 토벌하였다. 이것은 물론 고구려의 변경을 어지럽히는 유목기마민족의 기세를 꺾고 군사 물자를 확보하기 위한 원정이었으나 고구려와 국경을 맞대고 있는 후연(後燕)을 압박하려는 의도도 있었다.

후연은 모용선비가 세운 나라로 고구려와 모용선비의 적대관계는 3세기 전반 동천 임금 재위기까지 거슬러 올라갈 정도로 오래된 것이었다. 두 세력 사이의 공방전은 1세기가 넘도록 지루하게 계속되고 있었으나 태왕 담덕의 등장으로 승리의 저울은 고구려 쪽으로 급격히 기울고 있었다.

400년(영락 10년), 후연의 임금 모용성(慕容盛)이 태왕의 태도가 거만하다며 고구려를 침공하여 고구려의 신성과 남소성 두 성을

함락하였으나 태왕은 이에 아랑곳하지 않고 402년(영락 12년) 후연
을 밀어붙여 숙군성(宿軍城)을 깨뜨렸다.

숙군성은 후연의 도성 용성(龍城) 가까이에 자리하고 있어 후연
은 크게 당황하지 않을 수 없었다. 후연은 고구려의 군사적 압박에
대항하여 도성 방위에 군사력을 집중하였으나 이것은 태왕 담덕이
노리던 바였다.

404년(영락 14년) 고구려군은 오늘날 하북성 일대로 추정되는
후연(後燕)의 연군(燕郡)을 기습 공격하였다. 고구려군은 신속하게
연군을 유린 점령하고 적 수백 명을 살상하는 전과를 올렸다. 도성
방위에 고심하고 있던 후연은 뜻밖에 기습을 당하자 제대로 대응도
하지 못하고 그대로 허를 찔린 것이다.[1]

그런데 태왕 담덕이 특별히 연군 공격을 지시한 데에는 또 다른
특별한 목적이 있었던 듯하다. 그것은 바로 한 인물의 사당을 찾아내
파괴하는 것으로, 수십 년 전에 이루어진 한 파렴치한 행위에 대한
복수였을 것이라고 한다.

사당의 주인은 모용황(慕容皝). 그는 전연(前燕)의 통치자로 고
구려를 침공하여 수많은 고구려 인민을 납치하고 환도성을 불태운
자였다.[2]

이때 모용황은 혁혁한 전과를 올렸음에도 고구려의 역습에 대한
불안을 떨칠 수 없었고 이에 대한 담보로 당시 고구려의 임금인
고국원(故國原) 임금의 아버지인 미천(美川) 임금의 시체를 도굴해

갔다. 이것은 고구려 사람들에게 결코 잊을 수 없는 야만적인 행위였을 것이다. 미천 임금은 바로 태왕 담덕(談德)의 증조부였다.

아마도 연군에 있던 모용황의 사당은 잿더미가 되었을 것이고 고구려 사람들은 전연의 괴수 모용황의 영혼이 그에 어울리는 심판을 받았다고 믿었을 것이다.

고구려의 미천 임금 을불(乙弗)은 낙랑군을 정복한 것으로 유명하다. 또한 모용선비를 공략하여 적극적인 영토 확장을 꾀했던 뛰어난 군주이기도 하였다. 그러나 을불이 처음부터 위대한 정복자였던 것은 아니다. 을불은 비록 임금의 조카였으나 어린 시절 권력투쟁에서 살아남기 위해 궁궐에서 도망하였다.

궁을 탈출한 이후 을불은 적들의 추적을 피하여 숨어다녀야 했으며 목숨을 부지하기 위해 부잣집의 허드렛일을 하는 머슴으로서 때로는 소금장수로 거친 일을 하지 않을 수 없었다. 나중에는 도둑 누명을 쓰고 소금마저 빼앗겨 굶주림을 면할 수 없는 지경에 이르기도 하였다. 이 같은 여러 위기에도 을불은 끝내 살아남아 고구려 제위에 올랐으나 죽은 뒤에는 외적에게 자신의 무덤이 파헤쳐지고 그 시신이 적에게 탈취당하는 역사상 유래 없는 수모를 당하기도 하였다.

이처럼 을불의 삶은 고난의 연속이었으나 즉위한 뒤에도 임금이라는 지존의 자리에 안주하지 않고 여러 업적을 쌓아 장차 고구려가 제국으로 도약하는 데 큰 발판을 마련하였다. 이것은 을불이 불굴의 의지를 지닌 인물이었음을 보여준다.

고구려와 모용선비의 충돌로 시작된 서기 4세기는 고구려가 온갖 역경 속에서도 제국으로의 성공적인 변화를 이룩한 시기였다. 때문에 을불의 삶은 고구려의 중요한 고비를 이끌었던 군주의 생애로서 역사적인 의미를 지닌다.

1) 이인철,『고구려의 대외정복 연구』, 서울: 백산자료원, 2000, 191~192쪽;
郭沫若 主編,『中國史稿地圖集(上冊)』, 北京: 中國地圖出版社, 1996, 61쪽.
한편 연군의 위치에 대해서는 요령성 의현 남쪽으로 보는 견해도 있다. 姜仙,
「高句麗와 北方民族의 관계 연구—鮮卑·契丹·柔然·突厥과의 관계를 중
심으로—」, 숙명여자대학교 대학원 한국사전공 박사학위논문, 2003, 69쪽.
그런데 연군이 있는 유주는 후연과 북위의 전쟁으로 광개토호태왕의 연군
점령 이전에 변동이 있었던 것으로 보인다. 북위는 서기 401년 후연의 영지까
지 공격 점령하였으나 그 이듬해인 서기 402년 후연이 영지를 다시 탈환하여
그 영지에 유주자사를 머물게 하였다. 따라서 이 시기 후연의 유주의 일부가
북위의 차지가 되었으나 영지의 위치가 난하 유역으로 추정되므로 연군의
위치 또한 크게 변화하지 않았을 것이다.

2) 池培善,『中世 中國史 研究 慕容燕과 北燕史』, 서울: 연세대학교 출판부,
1998, 303~304쪽.

1. 고난의 어린 시절

봉상왕은 처음에
그 숙부 달가(達賈)를 죽이고,
또 그 아우 돌고(咄固)를 의심하여 죽였는데,
돌고의 아들 을불(乙弗)이
화가 자기에게 미칠 줄 알고 달아났다.
_ 신채호1)

모반 사건

뒷날의 미천 임금인 을불이 평양성에서 태어났을 무렵,2) 고구려
는 제13대 임금인 서천(西川) 임금 약로(藥盧)가 다스리고 있었고
얼마 지나지 않아 서천 임금의 아들인 상부(相夫)가 새로 제14대
임금으로 즉위하였다.

상부는 곧 봉상(烽上) 임금으로서 을불의 아버지 돌고가 상부의
동생이었으므로 상부는 사사롭게는 을불에게 큰아버지가 되었다.

곧 을불은 고구려에서는 누구나 우러러보는 귀한 신분으로 태어났다.

그러나 이러한 귀한 신분이 편하고 영화로운 삶을 보장해 주는 것은 아니었다. 어느 시대 어느 나라에서나 궁궐은 치열한 권력투쟁이 벌어지는 곳으로 고구려라고 예외가 될 수는 없었다.

특히 이 무렵 고구려에서는 왕족의 모반 사건이 자주 일어났다. 286년(서천 임금 17년), 서천 임금의 두 동생 일우(逸友)와 발소(素勃)의 모반 사건이 있었다.

이들은 대담하게도 병이라 핑계대고 온천에 가 모반을 모의했다고 한다. 온천에는 임금의 동생들을 따르는 무리들도 함께 몰려가 절제 없이 유흥까지 벌였던 모양으로 마침내 모반에 대한 정보가 임금의 귀에까지 흘러 들어갔다. 임금은 모르는 척 시치미를 떼고 재상을 시켜주겠다며 두 사람을 불렀다. 두 동생은 임금의 말을 의심하지 않고 궁에 갔다가 역사(力士)에게 잡혀 결국 살해되었다.

임금의 동생들에 의한 모반 사건은 상부의 할아버지인 중천(中川) 임금의 재위 시에도 발생한 적이 있었다. 248년(중천 임금 원년)에 중천 임금의 두 동생 예물(預物), 사구(奢句) 등이 모반 혐의로 처형되었다. 결국 중천 임금 이래 2대에 걸쳐 임금의 동생들에 의해 모반 사건이 잇달아 일어났던 것이다.

상부의 성격에 관한 후세의 평가는 매우 부정적이다. 상부는 어렸을 때부터 교만하고 의심이 많은 성격이었다고 한다. 물론 이러한 평가가 모두 거짓이라고는 말할 수 없다.

하지만 상부가 결국 정변으로 임금의 자리에서 쫓겨나고 자살로 자신의 삶을 마감했다는 점을 생각할 때 이러한 기록이 과장되었을 가능성도 생각해 보아야 한다.

서천 임금 17년의 모반 사건을 직접 경험했을 상부에게는 이러한 위협이 다른 이들보다 심각하게 여겨졌을 것은 어찌 보면 당연하다. 또한 할아버지인 중천 임금 즉위년에 일어난 모반 사건에 대해서도 알고 있었을 가능성이 높기 때문에 상부가 이른바 '의심이 많았다'고 하는 것을 나쁘게만 볼 수는 없다. 이는 그의 타고난 성격이었다기보 다 당시의 시대적 환경 탓이었다고 해야 할 것이다.[3]

안국군 달가

따라서 상부가 즉위했을 때 가까운 피붙이에 대해 의심과 경계의 눈길을 거두지 않은 것은 충분히 예상할 수 있는 일이다. 그런 상부 의 눈에 가장 먼저 들어온 이가 안국군(安國君) 달가(達賈)였다. 달가는 서천 임금의 동생으로서 상부에게는 작은 아버지가 되는데, 서천 임금의 재위 시절에 숙신(肅愼)을 격파하여 고구려 인민들에게 나라를 구한 영웅으로서 사랑받고 있는 인물이었다.

280년(서천 임금 11년), 숙신이 침공하여 변경의 백성들이 고통을

받고 있었다. 숙신의 침공은 당시 고구려가 부여를 견제하는 등의
목적으로 연해주 지역에 자리한 숙신에 대한 영향력을 강화하자 숙신
이 반발해서 일어난 것으로 추정된다.[4]

임금이 사태를 해결하기 위해 여러 군신들에게 의견을 물었을 때,
신하들은 한 목소리로 달가를 추천하였다. 달가가 용기와 지략을 겸비
하여 숙신의 침공을 막을 만한 인재라는 것이 그 이유였다. 이를 보면
달가는 이미 숙신 침공 이전부터 나라 사람들의 기대를 받고 있는
재목이었던 것으로 보인다.

달가는 숙신을 격파하여 그 우두머리를 죽이고 그 세력 일부를
오히려 부용으로 삼는 성과를 올렸다. 이에 임금은 크게 기뻐하고
동생 달가를 안국군에 봉하여 군사에 관한 업무를 맡기고 양맥(梁貊)과
숙신의 여러 부락을 다스리는 특권을 부여하였다. '나라를 편안히
했다'(안국군)는 영예로는 칭호가 달가에 대한 고구려인들의 존경심을
그대로 보여주고 있다.

이후 달가에 대한 기록은 찾아보기 어렵지만 몇 년 후에 일어난
약로(藥盧)의 다른 동생들인 일우(逸友)와 발소(素勃)의 모반 사건에
도 달가는 별다른 영향을 받지 많았던 것으로 여겨진다. 그만큼 달가에
대한 군신과 인민들의 믿음이 강하였기 때문일 것이다.

달가의 죽음

그러나 상부는 작은아버지인 달가를 의심하지 않을 수 없었다.
달가는 임금 자리를 차지할 정도의 신망과 실력을 모두 갖추고 있었
다. 달가가 만약 추호라도 야심을 품고 있다면 상부의 어좌도 위태로
운 것이 사실이었다.

사실 상부에게는 달가의 진심은 중요하지 않았을지도 모른다. 달가가 임금인 상부 자신과 맞먹는 세력을 가지고 있다는 것 자체가 상부에게는 용납할 수 없는 일이었을 것이다.

상부가 달가를 제거하기로 마음먹은 것은 이미 상부가 임금의 자리에 오르기 전이었을 가능성이 큰 것 같다. 왜냐하면 달가의 제거가 상부의 즉위 원년에 신속하게 이루어졌기 때문이다.

상부는 달가를 죽임으로써 가장 위협적인 정적을 제거한 셈이었다. 하지만 그 때문에 무엇보다도 중요한 인민들의 신망을 잃었다. 대부분의 인민은 달가의 죽음을 진심으로 애도하였다. 고구려 사람들은 큰 위기가 발생했을 때 나라를 구할 인재가 사라졌다는 것을 크게 안타까워했다.

당시 중국의 서진(西晉) 정권은 쇠퇴하고 있었고 각지에서 주위의 여러 민족들이 세력을 확장하면서 동북아시아가 혼란기로 접어들고 있었다. 고구려에게는 그 어느 때보다도 달가 같은 인재가 필요한 시기였다. 나라를 걱정하는 고구려 사람들의 마음은 결코 기우가 아니었다. 그것은 머지않아 상부 자신의 위기에 의해서 증명되었다.

모용선비의 기습

293년(봉상烽上 임금 2년) 8월, 고구려 서부에서 세력을 확장하고 있던 모용선비(慕容鮮卑)가 고구려를 침공하였다. 당시 고구려는 모용선비의 침공을 거의 예상하지 못했던 것 같다. 그래서였는지 고구려는 모용선비의 일부 군사가 영토 내로 침입하는 것을 막지 못했다. 이것이 고구려와 모용선비의 최초의 충돌이었다.[5] 하지만 명확한 기록은 없으나 이보다 앞서 모용선비가 부여를 침공했을 때 고구려와 모용선비가 처음으로 전쟁을 벌였을 가능성도 있다.

모용외의 부여 침공과 고구려

모용외(慕容廆)는 야심이 큰 모용선비의 젊은 지도자였다. 모용외는 293년의 침략 약 8년 전인 285년(태강太康 6년)에 부여를 침공하여 막대한 피해를 입힌 바 있었다. 이 사건으로 부여의 임금 의려(依慮)가 스스로 목숨을 끊었으며 임금의 자제들은 옥저(沃沮)로 달아났다. 모용외는 1만여 명이나 되는 부여사람을 잡아 돌아갔다.[6]

그 다음 해 의려의 아들 의라(依羅)는 서진에 사신을 보내 나라를 회복하는 데 서진이 도와줄 것을 요청해 왔다. 이에 서진은 동이교위 하감(何龕)의 수하인 독호 가침(賈沈)을 파견하여 모용외의 장수 손정(孫丁)의 목을 베었고 부여가 다시 나라를 회복하는 데 큰 도움을 주었다고 한다.[7]

그러나 서진이 모용외의 군사를 격파하여 부여가 나라를 되찾는 데 절대적인 기능을 하였다는 기록을 글자 그대로 믿을 수 없다는

견해가 있다. 모용외가 부여를 침공할 당시 서진은 오나라를 무너뜨
리고 삼국을 통일한 이후 군축을 단행하고 있었고 흉노나 강족에
대해서는 방임으로 일관하였기 때문에 서진이 홀로 부여에 대해서
만 적극적으로 개입하였다는 것은 이해하기 어렵다고 한다.

또한 모용선비가 부여 사람들을 서진에 팔았다는 기록을 볼 때
서진과 모용선비 사이에 심각한 마찰이 있었던 것으로 보이지도
않고 서진이 비록 군사를 파견하였다고는 해도 동이교위가 직접
출전한 것도 아니어서 직접적인 무력개입의 가능성도 낮다.

그런데 중국 길림성 집안시에 있는 고구려 사람 모두루(牟頭婁)
의 무덤 묘지문에 따르면, 모두루의 선조 염모(冉牟)는 모용선비가
북부여를 침공했을 때 큰 공을 세웠다고 되어 있다. 이것을 모용외의
부여 침공 당시 고구려와 모용외의 군사가 전투를 벌였던 사실을
전하는 것으로 볼 수 있다고 한다.8)

현재 남아 있는 고구려의 기록에는 고구려가 부여와 모용선비의
전쟁에 개입한 흔적을 찾아볼 수 없다. 그러나 고구려의 역사 기록은
매우 간략하기 때문에 현존하는 기록만으로 당시 고구려가 아무런
대응도 하지 않았다고 생각하는 것은 섣부른 판단일 것이다.

부여와 고구려는 국경을 남북으로 맞대고 있으므로 부여가 모용
선비에게 멸망에 가까운 타격을 입었다면 고구려가 어떤 식으로든
반응하였을 것이다. 또한 고구려의 사료에 보이는 당시의 정황으로
보건대, 고구려가 부여와 모용선비의 전쟁에 군사적으로 개입했을

가능성은 충분히 있다고 생각한다.

앞서 설명한 것처럼 고구려는 모용외가 부여를 침공하기 약 5년 전인 280년(서천 임금 11년), 변방의 골칫거리였던 숙신(肅愼)을 쳐 그 일부를 부용으로 삼았다. 그때 고구려는 숙신의 우두머리[酋長]를 죽이고 6백여 가(家)를 부여 남쪽의 오천(烏川)이라는 곳으로 옮겼다.

숙신은 매우 이른 시기부터 중국의 역사 기록에 나타나는데 시간의 흐름에 따라 그 성격이나 위치가 변화하고 있다. 서천 임금 당시 숙신이라고 부른 세력은 읍루의 거주지로 알려진 오늘날 러시아 연해주에 자리했던 것으로 추측된다. 읍루와 숙신은 호시(楛矢)라는 서로 비슷한 화살을 사용하였으므로 후대에 흔히 동일시되었다. 따라서 여기서 말하는 숙신은 읍루의 다른 이름임을 알 수 있다.[9]

그런데 숙신이 있었던 연해주는 한(漢)나라 때부터 위(魏)나라 초까지 부여의 영토였던 곳으로, 부여의 동쪽에 자리하고 있었다.[10] 따라서 고구려가 숙신을 부용으로 삼았다는 의미는 부여의 동쪽 측면까지 고구려의 영향력이 미치게 되었다는 것을 뜻한다.

뿐만 아니라 숙신의 포로를 부여의 남쪽으로 옮겼다는 것도 고구려가 당시 부여와의 접경 지역에 상당한 주의를 기울이고 있었음을 보여준다. 따라서 부여 정세에 큰 변화가 일어났다면 고구려도 신속히 대응했을 가능성이 높다.

그리고 부여 임금의 자제들이 달아난 곳이 옥저라는 것도 눈길을 끄는 부분이다. 당시 옥저는 남북으로 나누어져서 오늘날 함경도와 러시아 연해주에 걸쳐있었던 것으로 보인다.

곧 숙신 남쪽에 남과 북 두 옥저가 자리하고 있었으며 이곳은 고구려의 영역이었다. 기록에 따르면 북옥저는 이미 추모 임금 시기에 병합되었으며 남옥저(동옥저)는 태조임금 때에 고구려의 영토가 되었다고 한다.

만약 부여 임금의 자제들이 옥저에 망명한 것이 사실이라면 이것은 부여가 고구려에 보호를 요청한 것이나 다름이 없다.11) 이와 같은 상황이라면 부여와 모용선비의 전쟁에 고구려도 자동적으로 개입하지 않을 수 없다. 위의 정황으로 보았을 때 이미 서천 임금 시기에 고구려와 모용선비가 무력 충돌을 했을 것이라는 추정이 매우 설득력 있음을 알 수 있다.

모용외가 이 해에 고구려를 갑자기 침공한 목적은 고구려에 대해 무력시위를 벌임으로써 고구려의 서진을 미리 차단하려는 것이 아니었나 생각된다. 이것은 모용외가 이미 부여와의 전쟁 때 고구려와 충돌한 후 고구려의 위험성에 대하여 깊이 인식하였기 때문일 것이다.

한편 모용외는 뒤에 다시 고구려를 침공하였을 때 봉상 임금의 아버지인 서천 임금의 무덤을 파헤치려다 실패하였는데, 이것은 단순히 우연한 사건이 아니고 지난날 서천 임금이 부여를 지원한 데 대한 보복이었을 가능성도 있다.

모용선비의 추격

임금 상부는 서울이 불안했는지 신성(新城)으로 거처를 옮기고자
하였다. 신성은 고구려에서 나라의 큰 진[大鎭]으로 여겨졌다고 하
는데 그만큼 전략적으로 중요하고 방어체계가 잘 구축되어 있는
매우 훌륭한 성이었던 것 같다.

하지만 그에 못지않게 달가의 죽음으로 뒤숭숭해진 분위기도 도
성을 떠나게 만든 한 요인이었을 것이다. 아무래도 달가 살해에
대한 부정적 여론을 상부 자신도 의식하지 않을 수 없었을 것이다.

상부는 도성을 나와 곡림(鵠林)이라는 곳에 이르렀을 즈음 추격
자가 있음을 알고 소스라치게 놀랐다. 추격자는 임금이 거처를 옮기
는 것을 알아차린 모용외의 군사였다.

임금의 행차는 아무래도 이동 속도가 느릴 수밖에 없다. 따라서
모용외의 군사에게 따라잡히는 것은 시간문제였을 것이다. 자칫하
면 적에게 볼모로 사로잡힐 수도 있는 위기일발의 상황이었다.

이때 마침 신성(新城)의 재(宰) 북부소형(北部小兄) 고노자(高奴
子)가 5백여 기병을 이끌고 상부를 마중 나왔다가 모용외의 군사와
마주치게 되었다. 고노자는 모용외군을 격퇴하였고 상부는 크게
기뻐하며 그 보답으로 곡림을 식읍으로 주고 소형의 관위를 대형(大
兄)으로 높여 주었다.

위의 기록을 주의 깊게 살펴보면, 고노자의 목적은 어디까지나

임금의 마중이었음을 알 수 있다. 다시 말해서 고노자가 제때에 임금 행차를 만나 모용외의 군사를 무찌를 수 있었던 것은 우연이었던 것이다. 고노자가 나타나지 않았다면 어떻게 되었을 것인가? 당연히 상부 자신의 안전은 보장할 수 없었을 것이다.

그런데 이 사건에서 쉽게 이해하기 어려운 점이 있다. 임금의 이동로는 분명 극비 사항이었을 텐데 모용외 쪽에서는 어떻게 그 정보를 알고 상부의 뒤를 쫓을 수 있었을까?

여기에는 크게 두 가지 가능성을 생각해 볼 수 있다. 첫 번째는 모용외의 정보망이 매우 치밀했을 가능성이고, 두 번째는 고구려 쪽에서 정보를 일부러 흘렸을 가능성이다. 이 두 가지 가능성 가운데 어느 쪽이 사실에 가까운지 확인할 수는 없지만 상부는 두 번째 가능성에 무게를 두지 않았을까?

앞서 본 것처럼 상부가 살해한 달가는 인민의 영웅이었고 따르는 이도 많았을 것이다. 상부로서는 그의 처사에 불만을 품은 누군가가 자신을 죽이려 했다는 의심을 한 번쯤 해볼 수 있는 일이다.

애초에 상부가 도성을 떠나 신성으로 향한 이유 가운데 하나는 안국군 달가의 죽음으로 여론이 악화된 상황에서 대외적인 위기 상황을 맞는 것은 자신에게 불리하다는 판단 때문이었다.

모용외군의 추격은 적어도 상부에게는 자신의 판단이 옳았음을 증명하는 것처럼 보였을 것이다. 결국 이 사건은 주위 사람들에 대한 상부의 의심을 더욱 강하게 하는 계기가 되었다.

돌고의 피살과 을불의 도망

곡림의 위기가 있은 그 다음 달(9월), 상부는 동생 돌고(咄固)가 딴 마음을 품고 있다며 살해하였다. 분명 곡림에서의 사건이 상부에게 영향을 미친 것으로 보인다.

돌고에게 정말 의심을 살 만한 점이 있었는지는 알 수 없다. 당시의 여론은 돌고에게 죄가 없다는 쪽이었지만 혹 돌고에게 야심이 있었는지도 모를 일이다.

하지만 진실이 무엇이든 중요한 점은 돌고가 결국 죽음을 당했다는 것이다. 이는 돌고가 공식적으로 모반자가 되었음을 의미한다. 돌고는 바로 을불의 아버지였고, 이에 을불은 이제 임금의 조카에서 모반자의 아들이 되었다. 생명의 위협을 느낀 을불은 아버지의 죽음을 슬퍼할 겨를도 없이 궁에서 벗어나 도망쳤다.

을불은 살기 위해 자신의 신분을 철저히 숨기지 않을 수 없었다. 아버지(서천 임금)의 삼년상12)이 끝나기도 전에 형제 사이에 참혹한 살육이 벌어진 것이다.

기록에 따르면 궁을 탈출한 을불은 음모라는 사람의 집에서 1년 정도 머슴으로 일했다고 한다. 사서는 이때의 일을 다음과 같이 전하고 있다.

을불(乙弗)은 처음에 수실(水室) 마을 음모(陰牟)라는 사람의 집에서 머슴살이를 하였다. 음모는 을불이 누구인지 알지 못하였으므로 을불을 심하게 부렸다.

그 집 옆에는 연못이 있었는데 개구리가 울어 시끄럽다며 을불에게 밤마다 기와조각과 돌을 던져 개구리가 울지 못하도록 하였다. 낮에는 나무를 하게 하고 밤에는 연못을 지키게 하여 잠시도 쉴 수가 없었다.[13]

이후에도 을불은 소금 장수 등을 하면서 수년 동안이나 더 떠돌이의 삶을 살아야 했다고 기록은 전한다. 앞서 본 것처럼 을불은 본래 임금의 조카였지만 권력투쟁에 휘말려 궁을 탈출한 후 계속 쫓기는 신세였다. 아는 사람의 도움도 바랄 수 없는 처지여서 을불은 살아남기 위해 무슨 일이든 할 수밖에 없었다. 그것이 머슴이든 소금 장수든 그에게는 선택의 여지가 전혀 없었던 것이다.

기록을 통해 추정하건대, 궁을 빠져나온 그해 을불의 나이는 5~7세 정도였을 것이다. 하루아침에 고구려 최고 신분에서 가장 바닥까지 곤두박질치게 된 이 운명이 아직 어린 소년에게는 매우 가혹한 일이었다.[14]

40

1) 申采浩, 『조선 상고사(Ⅰ)』, 서울: 일신서적출판사, 1990, 197쪽.

2) 을불이 태어난 곳에 대한 정확한 기록은 없다. 다만 을불은 궁에서 태어났을 가능성이 높은데 당시 고구려의 서울은 평양성이었다.

3) 김용만, 『인물로 보는 고구려사』, 서울: 창해, 2001, 190쪽.

4) 김용만, 『고구려의 발견 새로 쓰는 고구려 문명사』, 서울: 바다출판사, 1998, 146쪽.

5) 池培善, 『中世東北亞史硏究』, 서울: 一潮閣, 1986, 40쪽. 이 책에서 저자는 김육불(金毓黻)의 태흥(太興) 2년(서기 319년)설을 비판하고 고구려와 모용선비의 최초의 충돌을 건흥 원년(서기 313년)으로 보았으나 이는 착오다.

6) 『資治通鑑』 卷第81 「晉紀」3 世祖武皇帝中 太康 6年.

7) 『資治通鑑』 卷第81 「晉紀」3 世祖武皇帝中 太康 7年.

8) 金俊秀, 「모용선비의 초기성장과 한족(漢族)의 수용-유목제국 전통의 연속성과 관련하여-」, 중앙대학교 교육대학원 교육학과 역사교육전공 석사학위논문, 2004, 30~31쪽. 한편 염모가 전투를 벌인 것은 모용외가 부여를 침공한 서천 임금 때가 아니라 고국원(故國原) 임금 때라는 견해도 있다(한국역사연구회, 『고대로부터의 통신 금석문으로 한국 고대사 읽기』, 서울: 푸른역사, 2004, 44쪽).

9) 손영종, 「고구려의 령토확장에 대하여」, 『조선고대 및 중세초기사 연구』, 서울: 백산자료원, 1999, 75쪽.

10) 『三國志』 卷30 「烏丸鮮卑東夷傳」30 挹婁.

11) 김용만, 『고구려의 발견 새로 쓰는 고구려 문명사』, 서울: 바다출판사, 1998, 143~144쪽.

12) 『北史』 卷94 「列傳」82 高麗. 고구려는 사람이 죽으면 3년 후에 묻으며 부모가 죽으면 3년 동안 상복을 입는다.

13) 『三國史記』 卷第17 「高句麗本紀」5 美川王 元年, "始就水室村人陰牟家 傭作 陰牟不知其何許人 使之甚苦 其家側草澤蛙鳴 使乙弗 夜投瓦石禁其聲 晝日 督之樵採 不許暫息."

14) 을불의 나이는 다음의 추정에 따른 것이다. 을불의 아버지 돌고는 우수의

딸인 왕후를 어머니로 하여 서기 273년(서천 4년)경 태어났으며 위로 형인
상부가 있었다. 중국 고대의 의서인『황제내경소문(黃帝內經素問)』의 기록
(卷第1「上古天眞論篇」1)에 의하면 남자는 16세에 아기를 가질 수 있다고
되어 있는바, 돌고가 을불을 17세(서기 289년, 서천 20년)에 낳았다고 가정
하고 이하 을불의 나이는 이 가정에 따랐다.

상부는 왕후의 아들임이 거의 확실하나 상부와 을불의 출생 연도에 대해서는
기록이 없어 모두 추측에 의지해야 한다. 그런데 김용만은 을불의 출생연도
를 284년으로, 을불이 궁을 도망쳐 나온 때의 나이를 9세로 추정하였다.
김용만은 서천 임금과 왕후 우씨가 1월에 혼인하여 이해(서기 271년)에
상부를 낳았다고 가정하였는데, 물론 불가능한 것은 아니나 혼인 직후에
임신이 되었다고 가정하기보다는 약간의 터울을 두어 그 이듬해에 상부를
낳았다고 보는 것이 자연스러울 듯하다. 그런데 상부가 서기 271년에 태어났
다면 을불의 아버지인 돌고는 그 동생이므로 상부가 태어난 그 다음 해에
태어났다고 할 수 있다. 김용만은 여기서 을불의 출생 연도를 284년으로
추정하였다. 그렇다면 돌고가 을불을 낳았을 당시의 나이가 13세가 된다.
임신기간을 생각하면 돌고가 12세 즈음(만 10~11세)에 을불을 임신시켰다
는 이야기가 되는데, 16세에 남성이 아이를 낳을 수 있다는『황제내경소문』
의 기록은 제쳐두더라도 영양 상태나 보건 환경이 좋은 현대에도 자식을
낳을 수 있는 남성의 평균적인 연령이 14~15세(만 13.2세) 정도임을 생각할
때 돌고가 을불을 12세에 임신시켰다는 추정은 불가능한 일은 아닐지라도
일반적인 것이라고 보기는 어렵다(김용만,『고구려의 발견 새로 쓰는 고구려
문명사』, 서울: 바다출판사, 1998, 132쪽).

을불과 시기가 가까운 고구려의 임금 가운데 태어난 연도를 명확히 알 수
있는 임금은 동천과 중천, 광개토와 장수가 있다. 중천과 장수는 각각 동천,
광개토의 장남으로 추정되는데 중천 임금은 동천 임금이 16세 때 태어났고
장수 임금은 광개토 임금이 20세 이후에 태어났다. 이 사실을 보더라도 돌고
가 17세 정도의 나이 때 을불을 낳았다는 추정이 타당함을 알 수 있다.
을불이 궁을 탈출한 나이가 5세라면 너무 어린 것이 아닌가 생각할 수도
있으나 탈출 과정과 궁을 나온 초기에는 친돌고 세력의 도움을 받았을 가능성
이 높다. 다만, 고구려에서 15세 정도를 성인으로 인식했다는 주장과 고구려
왕실의 높은 생활 수준을 생각할 때, 한두 살정도를 오차로 생각할 수 있을
것이다.

2. 소용돌이치는 동북아

서기 3세기, 동북아 전체는 변화의 소용돌이에 휘말려들고 있었다. 남북한 및 만주 지역에서는 고구려와 백제, 신라 등이 두각을 나타내기 시작하면서 대분열의 정세가 서서히 통합으로 나아가고 있었다.

고구려는 중국의 군현들을 지속적으로 공략하였고 백제는 주위로 세력을 확대하면서 다음 세기의 도약을 준비하고 있었다. 신라 또한 주변의 여러 나라들을 정복하여 열국 속에서 자신의 존재를 뚜렷이 드러내기 시작하였다.

황하 유역을 중심으로 한 중국은 동한(東漢) 이래 계속된 분열이 서진(西晉) 정권에 의해 진정되는 듯했으나 얼마 지나지 않아 혼란의 조짐이 뚜렷해졌다.

중국의 정세

동한(東漢)은 거듭된 어린 황제의 즉위로 인한 외척의 간섭, 환관의 횡포 등으로 조정의 권위가 갈수록 위축되었다. 이에 민중의 봉기가 잇따르고 각지에서 군벌들이 출현하였다.

원소(袁紹), 조조(曹操), 유비(劉備), 손견(孫堅) 등의 군벌들은 처음에는 조정을 보호한다는 명분을 내세우며 일어났으나 점차 패권경쟁으로 치달았다. 거듭된 무력충돌로 생산기반은 와해되고 인구는 격감하였다.

치열한 경쟁 속에서 일부 군벌들은 자신들의 세력 강화를 위해 오환(烏丸) 등 북방의 이민족들을 끌어들였고 이들은 이전에 동한 정권에 투항하여 남부 지역으로 이주해 있던 흉노(匈奴) 등의 이민족들과 더불어 장기적인 불안요소가 되었다.

시간이 흐름에 따라 군벌의 난립은 위(魏), 오(吳), 촉(蜀)의 세 정권으로 정리되었고 결국 위가 촉을 먼저 무너뜨리고 통일정부 수립의 기회를 맞았다. 하지만 위의 승리도 오래가지 못했다.

위의 정복전쟁에 큰 공을 세운 권신 사마(司馬) 씨는 세력을 확장하여 결국 위의 조(曹) 씨를 무너뜨리고 서진(西晉) 정권을 세웠다. 서진은 오마저 무너뜨리고 통일정권을 수립하였지만 초반의 활력을 곧 잃어버렸으며 지배층은 권력투쟁에 골몰하기 시작하였다.

서진이 서서히 흔들리고 있음을 감지한 각지의 이민족들이 조금

씩 자신들의 목소리를 내기 시작하면서 혼란은 걷잡을 수 없이 번져갔다. 이들 가운데 고구려의 위협적인 적 모용선비(慕容鮮卑)가 있었다.

선비족의 등장

선비(鮮卑)는 본래 동호(東胡)의 한 구성원이었다. 동호는 대체로 요하 서쪽의 노로아호산(努魯兒虎山) 북쪽에 자리하였고 그 서쪽에 흉노(匈奴)가 있었다.

동호는 한때 전국(戰國)시대 연(燕)나라 장수 진개(秦開)의 공격을 받아 천리를 후퇴하기도 하였으나 곧 세력을 회복하여 진(秦)이 전국 7웅을 병합할 즈음에는 흉노를 압박할 정도로 강성하였다. 하지만 당시 흉노는 묵특(冒頓)이라는 뛰어난 선우(單于)가 출현하여 급속히 세력이 강성해지고 있었다. 묵특은 그의 아버지 투만(頭曼)이 자신이 아닌 다른 아들을 다음 선우로 삼으려 하자 투만을 살해하고 선우가 된 야심만만한 인물이었다.

동호는 묵특 선우에게 멸망되어 역사에서 사라졌다. 처음에는 오히려 동호가 흉노에게 공물을 요구하였다. 동호는 묵특이 이 요구를 모두 순순히 들어주자 흉노에 대한 경계를 늦추었지만 이 모든 것은 묵특의 계략이었다. 동호의 임금은 마지막으로 흉노와의 사이에 있는 영토를 요구하였는데 묵특이 이는 결코 묵과할 수 없는

요구라는 명분을 내세워 갑자기 동호를 기습하여 멸하였다.[1]

동호의 멸망과 함께 그 속에서 떨어져나온 세력 가운데 하나가 바로 선비였다. 선비라는 이름의 유래는 처음 그 세력이 모여든 곳이 선비산이었다는 데서 비롯되었다고 한다. 선비산의 위치는 정확히 알 수 없으나 1980년에 선비의 일파인 탁발선비의 초기 유적지가 알선동(嘎仙洞)이라는 자연 동굴에서 발견되었는데 이곳은 대흥안령(大興安嶺) 동쪽 기슭에 자리하고 있다.

선비족의 성장

선비는 처음에는 그 세력이 미약하여 동호에서 같이 떨어져나온 오환과 더불어 흉노에게 복속되었다. 선비는 자신을 틀어쥔 흉노와 더불어 서한(西漢)의 변군들을 공격하였다.

그러나 서기 48년(건무建武 24년), 일축왕(日逐王) 비(比)라는 자가 호한야선우(呼韓邪單于)를 칭하면서 흉노가 남북으로 나누어지자 선비에게도 새로운 기회가 찾아왔다.

선비는 그 이듬해에 독자적으로 동한(東漢)에 사신을 파견하여 우호관계를 맺고 동한에게 자신들의 무력을 제공하기 시작하면서 역사에 본격적으로 모습을 드러내기 시작하였다.

그 후 동한에 의한 북흉노 공격이 성공하자 선비가 그 땅과 남은 무리를 차지함으로써 세력을 떨칠 수 있는 기회를 맞이하게 되었다.

바로 이때 선비의 영웅 대인(大人) 단석괴(檀石槐)가 출현하였다. 서기 2세기 중엽 단석괴는 흩어져 있던 선비의 여러 부족을 통합하여 동북아시아 북방을 휩쓸었다. 기록에 따르면 그의 영토는 동으로는 부여, 서로는 오손(烏孫)에 이르렀으며 그 넓이는 무려 1만 수천 리에 이르렀다고 한다.[2]

단석괴 사후 선비족의 제국은 급속히 무너졌으나 중국 삼국시대 초 가비능(軻比能)이 출현하여 세력을 확대하였다. 가비능은 촉(蜀)나라의 제갈량(諸葛亮)이 네 번째 북벌에 나섰을 때 제갈량과 연합하여 북지(北地)까지 출병을 하기도 하였으나 서기 235년 위(魏)의 유주자사(幽州刺史) 호오환교위(護烏桓校尉) 왕웅(王雄)에게 살해되었다.[3] 이후 선비족은 다시 분열하여 모용(慕容), 우문(宇文), 단(段), 탁발(拓跋), 독발(禿髮), 걸복(乞伏), 토욕혼(吐谷渾) 등으로 나누어졌는데 특히 모용선비는 여러 선비들 가운데 가장 동쪽에 자리하였으므로 고구려와의 경쟁은 필연적이었다.

모용선비의 기원

모용선비의 기원에 대해서는 여러 가지 설이 전해온다. 선비가 본래 동호의 일부였다는 것은 앞에서 설명하였는데, 중국의 사서는 동호를 그들의 시조인 유웅씨(有熊氏) 곧 황제(黃帝)의 자손이라고 주장한다.[4]

그러나 이러한 설명은 중국인 특유의 자민족중심주의의 산물일
뿐 역사적인 사실은 아니다. 주(周)나라 때까지도 주(周)의 가장
북변의 제후국인 연(燕)나라가 영정하(永定河) 곧 북경(北京) 지역
을 벗어날 수 없었다. 하물며 황제(黃帝)의 후손이 요하(遼河) 상류
지대에 거주했다는 것은 생각할 수도 없다.

고대 한민족과 동호

고대 한(韓)민족과 동호는 역사적으로 매우 밀접한 관계를 맺고
있었다. 동호는 고조선과 요하(遼河) 서쪽 지역에서 노로아호산(努
魯兒虎山)을 경계로 남북으로 접해 있었기 때문에[5] 사람과 물자의
교류가 비교적 빈번했을 것으로 추측된다. 동호의 영토에서 고조선
의 주요 유물로 평가되는 비파형동검의 영향을 받은 동검이 발견되
는 것은 대표적인 사례다.

동호는 전국시기 후반에 연(燕)나라의 대대적인 침공을 받아 1천
여 리를 후퇴하였는데 고조선도 이때 연나라의 공격으로 서방 2천여
리를 빼앗겼다는 사실은 이 두 세력이 연나라에 대해 적대적이었으
며 나아가 일정한 정책 공조가 이루어졌음도 시사해준다.

동호의 사회발전단계나 동호를 구성한 세력들에 대해서는 자세
히 알려져 있지 않다. 다만 『사기(史記)』에 '동호왕(東胡王)'이라는
표현이 등장하는 것으로 보건대, 동호에 상당히 강력한 중앙권력이

존재했을 가능성도 무시할 수는 없다.

동호에 임금(동호왕東胡王)이 존재했다면 동호는 그 후계세력인 오환과 선비 등과는 달리 높은 수준의 사회였다는 뜻이 되므로, 두 세력을 동일시할 수 없다는 견해도 있다. 오환이나 선비의 대인(大人)은 임금에 비해 권력이 매우 미약하였다. 대인의 지배권이 혈통에 의해 세습된 것도 단석괴(檀石槐) 시대에 와서야 가능하였다.6)

동호가 고대 한민족의 한 갈래인 맥(貊)족이라는 주장도 있는데7) 맥은 늦어도 이미 서기전 9세기 이전부터 오늘날의 북경(北京) 근처에 자리하고 있었던 것으로 문헌 기록에 나타난다.8) 동호와 맥이 동일한 존재까지는 아니라 하더라도 두 세력이 매우 밀접한 관계를 가졌을 가능성은 충분하다.

동호는 고조선 및 맥과 같은 고대 한민족과 역사, 문화, 혈연에서 깊은 관계를 맺고 있던 이웃 세력이었다. 고구려와 선비 간의 교류는 이와 같은 역사적 전통 속에서 이루어진 것이다.

고구려와 선비

고구려는 2대 임금인 유리명왕(瑠璃明王) 시기에 선비의 일부를 복속시켜 대외전쟁에 이용하였다. 서기 121년(태조太祖 임금 69년)에는 선비 8천 명을 동원하여 요동군(遼東郡)을 침공해서 요동태수

(遼東太守)를 전사시키는 전과를 올렸다.

　서기 168년(건녕建寧 원년)에는 예맥(濊貊)이 선비와 더불어 유주(幽州)와 병주(并州)를 공격하였다.9) 유주와 병주는 현도군(玄菟郡), 요동군(遼東郡), 요서군(遼西郡), 태원군(太原郡), 하서군(河西郡) 등의 군이 속해 있으며 동한(東漢)의 북부를 차지하고 있는 주다. 특히 태원군은 서울인 낙양(洛陽)과의 거리가 1천여 리밖에 떨어져 있지 않으며 주요 간선도로망에 자리한 군사적 요충지이기도 하였다.10) 여기에서의 예맥은 곧 고구려로 판단되는데, 이는 모본(慕本) 임금 재위 때 벌어진 고구려의 태원 공략을 상기시킨다. 선비는 기마전에 능하였으므로 고구려의 전력 강화에 도움이 되었을 것이다.

　그러나 선비가 흉노의 세력을 흡수하고 단석괴 같은 뛰어난 지도자가 출현하면서 점차 강성해져 갔으므로 그 동쪽에 자리하고 있던 고구려와의 충돌은 피할 수 없게 되었다.

모용선비의 시조 건라

　모용선비가 동호의 후계세력인 선비의 한 구성원이었음은 잘 알려진 사실이다. 그러나 그 기원에 대해서는 기록이 드물어 확실하지 않다. 모용선비의 계보가 비교적 상세해지는 것은 서기 3세기 이후의 일이다.

모용씨의 시조 전설에 따르면 모용외의 12세 조상인 건라(乾羅)
는 금은으로 만든 갑옷을 입고 금은 안장이 놓인 하얀 말을 타고
하늘에서 내려왔다고 한다.11)

대부분의 시조 전설이 그렇듯이 건라의 이야기도 역사적 진실과
환상이 한데 뒤섞여 있다. 갑옷과 안장, 백마는 모용씨의 삶의 기반
이었던 기마 전통과 무력을 상징하는 것으로 보인다. 또한 시조
건라를 하늘과 연결시킴으로써 자신들의 혈통이 천상으로부터 유래
한 신성한 것임을 강조하고 있다.

대수 모용과 모용선비

모용씨의 등장에 대해 비교적 객관적으로 인정할 수 있는 기록은
대인 단석괴(檀石槐)와 관련되어 나타난다. 단석괴는 뛰어난 지도
력으로 선비의 여러 부를 통합하여 대제국을 건설하였다. 단석괴는
드넓은 영토를 효과적으로 다스리기 위해 흉노의 예를 본받아 선비
를 동·중·서의 세 부로 나누고 각 부에는 따로 대인을 두었다.

그런데 중부의 대인 가운데 모용(慕容)이라는 이름의 대수(大帥)
가 보인다.12) 중부 대수 모용은 가장 이른 시기에 보이는 모용 관련
기록이다. 우리는 건라와 모용 사이의 구체적인 계승관계를 확인할
수 없다. 뿐만 아니라 모용 대수와 모용외가 실제로 혈연관계인지도
불분명하다. 그러나 모용선비의 유래가 모용 대수로부터 유래되었

다고 보는 것이 합리적이라고 생각한다.

모용의 유래에 대해서는 몇 가지 이야기가 사서에 전해오고 있다.[13] 첫째는 모용외의 증조할아버지인 막호발(莫護跋)이 보요관(步搖冠)을 좋아하여 모용이라는 칭호를 얻게 되었다는 것이다. 보요관이란 걸으면 흔들린다는 뜻으로, 대략 신라의 금관과 같이 작은 장식물이 붙은 모자를 가리킨다. 이 보요관의 '보요'가 '모용'으로 변했다는 것이다. 모용선비인들이 보요관을 좋아했다는 것은 오늘날 남아 있는 유물을 통해 보건대 역사적 사실이었음을 알 수 있다.[14] 그러나 앞서 살펴본 것처럼 모용이라는 말이 기록에 나타나는 것은 막호발이 태어나기 전의 일이다.

둘째는 모용이 '모이의지덕 계삼광지용(慕二儀之德 繼三光之容)'의 줄임말이라는 것이다. 하늘과 땅[이의二儀]의 덕을 생각한다거나 해와 달, 별[삼광三光]의 모습을 이었다거나 하는 것은 모용의 이름에 권위를 부여하기 위해 꾸며낸 이야기임에 분명하다.

결국 단석괴 이후 선비족 내부에서 분열되어 나온 일부 세력이 모용 대수의 이름을 계승한 것이 모용선비의 기원이라고 할 수 있다. 모용선비가 모용 대수와 직접적인 관련이 있는지는 알 수 없지만 더 중요한 점은 그들이 단석괴 시대의 대수의 이름을 내세웠다는 사실 그 자체다. 왜냐하면 이것은 모용선비 집단의 정치적 감각을 보여주기 때문이다.

모용이라는 낱말 자체는 몽골어의 부유함을 뜻하는 바얀(Bayan)

과 관련이 있다고 한다.15) 하지만 모용선비가 '모용'을 선택한 것은
낱말의 의미보다는 그것이 과거 선비족의 대국을 이끌었던 유명한
대수의 이름이라는 점에 더 끌렸기 때문일 것이다.

모용선비는 과거 선비족의 전성기를 이루었던 시기의 대수의 명
성을 하나의 구심점으로 삼으려 하였다고 볼 수 있다. 그리고 그것을
핵으로 모용선비는 서서히 주변 강대국들이 무시할 수 없는 세력으
로 성장하고 있었다.

모용선비의 대두

모용선비가 본격적으로 역사에 모습을 드러내기 시작한 것은 서
기 3세기 모용외의 증조부 막호발(莫護跋)의 시대부터다. 막호발은
위(魏)나라의 권신 사마의(司馬懿)의 공손연(公孫淵) 토벌에 참가
하여 공을 세웠으며 이를 통하여 위로부터 솔의왕(率義王)에 봉해졌
다고 한다.16)

고구려와 모용선비의 접촉

공손씨는 동한(東漢) 말의 혼란을 틈타 만주 지역에서 자립하여
주변을 압박하며 하나의 큰 세력을 형성하였다. 위나라는 오(吳)와
촉(蜀) 등과 대립하는 가운데 공손씨 정권이 후방의 위협이 될 것을

우려하고 있었다. 한편 공손씨 정권은 주변으로 세력을 확대하는 과정에서 고구려 등 이웃 나라들에게 적대적인 정책을 취하여 점차 외교적으로 고립되고 있었다.

공손씨 정권의 최후의 통치자 공손연(公孫淵)은 이러한 고립을 타개하기 위해 오나라의 손권(孫權)과 외교관계를 수립하기도 하였다. 그러나 결국 오나라가 자신에게 실제적인 도움을 줄 수 없다고 판단되자 오나라의 사신을 죽여 위나라의 환심을 사고자 하였다.

공손연의 이러한 노력에도 위나라와의 갈등이 점차 깊어지자 공손연은 노골적으로 위나라에 대한 적대적인 감정을 드러내었다. 위나라는 마침내 공손씨 정권의 제거를 목표로 군사를 일으켰으며 무구검(毌丘儉)[17]의 원정이 실패하자 군사 방면에 혁혁한 공을 세운 권신 사마의(司馬懿)를 내세워 서기 238년(경초景初 2년) 공손연에 대한 전면적인 공격을 재차 시도하였다. 막호발은 이 전쟁에서 위나라를 위해 무력을 제공하였다. 막호발은 이 기회를 통하여 자신들의 실력을 국제무대에 증명하고 자신들을 위협하던 적 공손씨를 제거하는 일석이조의 효과를 노렸던 것 같다.

그런데 공교롭게도 이 자리에 고구려의 군사도 함께 있었다. 역사에는 대표적인 적대자로 남았지만 이때만은 공손씨 제거라는 공통 목표를 위해 고구려와 모용선비가 서로 협조자로 만났다. 이때가 고구려와 모용선비의 최초의 접촉이었다.[18]

고구려는 적대적인 공손씨 정권을 붕괴시키고 위나라로부터 일

정한 대가, 아마도 낙랑군(樂浪郡)과 대방군(帶方郡)의 영유권을
얻고자 이 전쟁에 참여하였을 것이다. 위나라를 중심으로 고구려와
모용선비가 참여한 이 전쟁에서 공손씨 정권은 최후를 맞이하였다.
전쟁을 통해 막호발은 위나라로부터 솔의왕이라는 칭호를 받아 목
적하던 바를 모두 이룬 셈이었지만, 고구려는 사정이 달랐다.

위나라가 몰래 군사를 보내 낙랑군과 대방군을 접수하자 고구려
는 분노하였고 고구려가 위나라를 공격하면서 두 나라는 적대관계
로 돌아섰다.

고구려 · 위 전쟁과 모용선비

고구려 동천(東川) 임금은 요동군(遼東郡) 서안평(西安平)을 침
공하였고 위나라는 유주자사 무구검을 보내 고구려를 공격하게 하
였다. 무구검의 고구려 침공은 두 차례 이상 이루어진 것으로 추측되
며 특히 서기 246년(동천 임금 20년)의 전쟁이 가장 격렬하였던
것으로 보인다.[19]

이때 무구검은 현도에서 1만 군사를 이끌고 고구려를 침공하였고
동천 임금 우위거(憂位居)는 보병과 기병 2만으로 이에 대응하였다.
처음에는 고구려가 연전연승을 거두며 비류수(沸流水)에서 적병
3천을 베고 다시 양맥(梁貊)에서 위나라군을 격파하여 적병 3천을
사로잡거나 사살하는 전과를 올리기도 하였다.

그러나 우위거는 연승에 고무되어 친히 철기 5천을 거느리고 퇴각하는 위군을 앞장서 추격하다가 위병이 방진을 세우고 결사적으로 항전하여 오히려 대패하고 말았다. 1만 8천이라는 막대한 병력을 잃고 후퇴한 고구려군은 밀우(密友), 유옥구(劉屋句), 유유(紐由) 등의 활약으로 결국 위나라군을 물리치기는 하였으나 환도성(丸都城)이 함락당하는 등 큰 피해를 입었다.

그런데 이 전쟁터에는 모용선비가 또다시 위나라 군사의 모습으로 등장하였다. 기록에 따르면 막호발의 아들 목연(木延)도 무구검의 군사를 따라 이 고구려 침공전쟁에 참가하여 공을 세웠다고 한다.

뜻하지 않은 국제관계의 변동은 고구려와 모용선비, 이 두 세력을 다시 만나게 하였다. 그러나 이번에는 동지가 아니라 적으로서의 만남이었다. 긴 악연의 시작이었다.

영주 모용외

목연(木延)의 손자 모용외는 본명이 모용약락외(慕容若洛廆)[20]로, 뛰어난 미남에 체격도 좋고 영웅의 기품이 있는 사람이었다고 한다. 모용외는 아직 어린 나이에 난세를 바로잡고 세상을 구할 재목[匡難濟時者]이라는 평가를 받았다는 이야기도 전해온다. 모용외에 대한 이러한 기록이 과장되었을 가능성을 생각한다고 해도 그가 매우 뛰어난 사람이었음은 충분히 짐작할 수 있다.

모용외는 후에 『가령(家令)』이라는 일종의 윤리서를 직접 저술하기도 하였는데[21] 후조(後趙)의 군주인 석륵(石勒)이 문맹이었다는 것을 염두에 두면 그가 당시의 여느 비한족(非漢族) 군주들과는 달리 어느 정도 교양도 갖춘 인물이었음을 알 수 있다.

모용외의 즉위

을불과 모용외는 이십여 세 정도의 나이 차이가 있고 자란 환경도 매우 달랐지만 의외로 비슷한 점도 있었다. 우선 모용외도 을불처럼 숙부의 박해를 피해 한동안 숨어지낸 경험을 갖고 있었다.

서기 283년(태강太康 4년) 목연의 아들, 곧 모용외의 아버지인 대선우(大單于) 섭귀(涉歸)가 사망하였다. 하지만 군주의 자리는 숙부인 모용산(慕容刪)이 차지하였고 그는 자신의 권좌를 지키기 위해 조카인 모용외를 살해하려고 하였다. 모용외는 숨어 지내다가 서기 285년(태강太康 6년)에 이르러서야 숙부가 국인들에게 살해되는 바람에 군주의 자리에 오를 수 있었다.[22]

군주의 자리에 올랐을 때 모용외는 이미 어엿한 성인이었고 숨어 지낸 시기 역시 2년 정도였으므로 을불에 비한다면 고난의 정도는 약한 편이었지만, 모용외 또한 군주가 되기 위해 나름의 시련을 겪었다는 것을 알 수 있다. 이 두 경쟁자가 후에 서로에 대해 알게 되었다면 묘한 동질감을 느꼈을지도 모를 일이다.

모용외의 대외정책과 고구려

모용외는 난세의 영웅이라는 평가에 어울리게 즉위한 바로 그해에 적극적인 대외정책을 추진하였는데 서로는 우문선비(宇文鮮卑)를 치고자 모의하였고 동으로는 부여를 침공하였다.

우문선비는 그 세력이 강성한데다가 모용선비와는 갈등을 빚고 있어서 모용외는 서진(西晉) 정권에 우문선비에 대한 공격을 허락해 줄 것을 요청하였다. 비록 모용외의 요구를 서진이 거절하였기 때문에 우문선비에 대한 침공계획은 말 그대로 계획으로 그쳤지만 모용외는 그 대신 서진 정권의 요서(遼西) 지역에 침입해 무력시위를 감행함으로써 자신의 불만을 표출하였다.

부여에 대한 침공계획은 순조롭게 이루어져 부여를 거의 괴멸직적으로 몰아넣었다. 부여 임금을 자살하게 만들었고 부여 사람 1만을 납치하였으며 그들을 서진에 노예로 팔아넘겼다.

이처럼 즉위하자마자 무위를 떨친 모용외는 서서히 고구려에도 눈을 돌리기 시작하였다. 고구려는 국세도 강하고 모용선비의 바로 동쪽에 자리하고 있어 모용선비가 대국으로 성장하기 위해서는 반드시 넘어야만 하는 장애물이었다.

모용외와 고구려는 이미 모용외의 부여 침공 때 서로 충돌을 했을 가능성이 있다. 하지만 고구려에 대한 본격적인 침공은 서기 293년(봉상 임금 2년)부터 시작되었다.

서기 296년(봉상 임금 5년)에 다시 침공한 모용외는 대담하게도 서천(西川) 임금의 무덤을 파헤치려고 하였다가 실패하였다. 이 사건이 고구려 사람들에게 어떠한 충격을 주었을지는 상상하기 어렵지 않다. 이것은 유교적 교양을 지녔다 해도 모용외 역시 초원의 유목 군주임을 분명히 보여주는 상징적인 사건이었다. 그리고 이것은 고구려인이 이해할 수 없는 '야만인'의 모습이기도 하였다.

1) 『史記』 卷110 「匈奴列傳」 第50.

2) 池培善, 「鮮卑族의 初期段階 氏族分裂에 대하여」, 『白山學報』 23, 1977, 76~85쪽.

3) 三崎良章 저, 김영환 옮김, 『五胡十六國－中國史上의 民族 大移動－』, 서울: 景仁文化社, 2007, 9쪽.

4) 『晉書』 卷108 「載記」8 慕容廆.

5) ① 『위략』에 따르면 조선은 연나라에게 서방 2천여 리를 빼앗겼는데 이 지역은 요하 서부 지역으로 추정된다(『三國志』 卷30 「烏丸鮮卑東夷傳」 30 韓의 『魏略』 "後子孫稍驕虐 燕乃遣將秦 開攻其西方 取地二千餘里 至滿番汗爲界 朝鮮遂弱").
② 고고학 연구 결과에 따르면 연나라는 춘추 시기까지 그 세력이 하북성의 영정하 남쪽에 머물렀으며 연소왕이 새로 탈취한 5군(상곡, 어양, 우북평, 요서, 요동)이 하북성에서 요령성에 이르렀던 것으로 추정된다(裵眞永, 「中國古代燕文化硏究－燕文化의 形成과 展開－」, 이화여자대학교 대학원 박사학위논문, 2001, 96~97쪽, 158쪽).
③ 『위략』에 따르면 조선은 연이 왕을 칭하자 조선도 왕을 칭하고 연을 치려고 시도하였다고 하는데 이를 통해 조선이 서기전 4세기 무렵 연과 접하여 대립하고 있었음을 알 수 있다. 또 『전국책』 「연책」에 따르면 소진이 연문후에게 합종을 권하면서 연의 동쪽에 조선과 요동이 있다고 하였는데 소진의 실제 활동 시기가 연소왕 때로 추정되므로 연소왕이 영토 팽창을 시도하기 직전까지도 조선과 연은 서로 접하고 있었음을 알 수 있고, 동호가 연과 접하고 있었다면 노로아호산 북쪽 서요하 지역일 수밖에 없다(『戰國策』 「燕策」 1 ; 尹乃鉉, 『商周史』, 서울: 民音社, 1990, 292~297쪽).
④ 이제까지 발견 조사된 유물·유적을 볼 때 서요하 지역에서는 주로 유병식 동검이, 그 이남 지역에서는 주로 비파형동검이 나오는 등 요서 지역에서 노로아호산을 경계로 남북으로 그 문화가 일정한 차이가 있는 점을 생각할 때 당시 동호는 노로아호산 북쪽에, 조선은 그 남쪽에 자리했다고 판단된다 (吳江原, 「冀北地域 有柄式 靑銅短劍과 그 文化에 관한 硏究」, 『韓國 古代의 考古와 歷史』, 서울: 學硏文化社, 1997, 56쪽 ; 복기대, 『요서지역의 청동기시대 문화연구』, 서울: 白山, 2002).

6) 리지린, 『고조선연구』, 서울: 백산자료원, 1997, 29~31쪽.

7) 文定昌, 『古朝鮮史研究』, 서울: 흔뿌리, 1993, 142쪽 ; 『山海經』 「海內西經」 ; 『史記』 卷110 「匈奴列傳」 第50.

8) 王建新, 『東北アジアの靑銅器文化』, 東京: 同成社, 1999, 202쪽.

9) 『後漢書』 卷8 「孝靈帝紀」8 建寧 元年 12月.

10) 류제헌, 『중국 역사 지리』(서남동양학술총서 5), 서울: 문학과지성사, 1999, 214쪽.

11) 金俊秀, 「모용선비의 초기성장과 한족(漢族)의 수용－유목제국 전통의 연속성과 관련하여－」, 중앙대학교 교육대학원 교육학과 역사교육전공 석사학위논문, 2004, 21쪽.

12) 金俊秀, 「모용선비의 초기성장과 한족(漢族)의 수용－유목제국 전통의 연속성과 관련하여－」, 중앙대학교 교육대학원 교육학과 역사교육전공 석사학위논문, 2004, 22쪽.

13) 『晉書』 卷108 「載記」8 慕容廆.

14) 高靑山 等, 『東北古文化』(東北文化叢書), 沈陽: 春風文藝出版社, 1992, 185~186쪽.

15) 『동서문화 世界大百科事典』 1991년판 〈모용선비〉 항목을 볼 것.

16) 『晉書』 卷108 「載記」8 慕容廆.

17) 田中俊明, 宋永鎭 譯, 「幽州刺史 이름은 毌丘儉이 아닌 毋丘儉이다」, 『季刊 한국의 고고학』 가을호, 2008, 114~117쪽.

18) 지배선과 강선은 목연이 위나라의 고구려 침공에 참가한 것을 고구려와 모용선비의 최초의 접촉으로 보았으나(池培善, 『中世東北亞史硏究』, 서울: 一潮閣, 1986, 24쪽 ; 姜仙, 「高句麗와 北方民族의 관계 연구－鮮卑·契丹·柔然·突厥과의 관계를 중심으로－」, 숙명여자대학교 대학원 사학과 한국사전공 박사학위논문, 2003, 35쪽), 이때가 고구려와 모용선비의 최초의 접촉이었다.

19) 박노석, 「서기 3세기 초의 고구려와 魏의 외교 관계」, 『全北史學』 24, 2004, 21쪽.

20) 『資治通鑑』 卷第81 「晉紀」3 世祖武皇帝中 太康 4年 12月 胡三省 주, "杜佑曰 本名若洛廆."

62

21)『晉書』卷108「載記」8 慕容廆.

22)『資治通鑑』卷第81「晉紀」3 世祖武皇帝中 太康 6年.

3. 을불의 등극

을불은 이에 소금장사도 할 수 없고
머슴살이 할 곳도 얻을 수가 없어서,
숱한 마을 온갖 동네로 돌아다니면서
걸식하여 날을 보냈다.
옷은 너덜너덜 찢어지고
얼굴은 보기에도 무섭게 파리하여
아무도 옛날의 왕손(王孫)인가 하는
의심을 갖지 아니하였다.
_신채호1)

모용외가 동북아시아에서 무위를 떨치고 있을 때 을불은 고구려
여기저기를 떠돌아 다니며 하루하루를 힘겹게 살아가고 있었다.
혼란스런 국제정세 같은 것은 먼 나라 이야기일 뿐 을불에게 가장
중요한 것은 그날그날의 끼니를 해결하는 일이었다.

을불의 형편

낮에는 나무 베기 등으로 혹사당하고 밤에는 연못을 지켜보느라 제대로 잠도 잘 수 없었기 때문인지 아니면 쫓기는 처지에 한 곳에만 머물러 있는 것이 불안해서였는지 을불은 1년 만에 음모(陰牟)의 머슴 노릇을 그만두었다.

그러나 일을 하지 않으면 살아갈 수 없었으므로 그 후 동촌(東村) 사람 재모(再牟)란 자와 함께 새로 소금 장사를 시작하였다고 한다. 소금은 사람이 살아가는 데 없어서는 안 될 물건이고 장사란 한 곳에 정착하지 않아도 할 수 있는 일이니 도망자인 을불 같은 처지에서는 알맞은 일이었다고 할 수 있다. 그런데 장사를 하려면 본래 밑천이 있어야 하는데 을불에게는 수실촌(水室村) 음모(陰牟)의 집에서 머슴일을 하면서 모아둔 새경이 약간 있었을 것이다. 하지만 그 새경으로는 모자랐을 것이므로 재모와 동업을 하게 된 것이 아닌가 한다.[2]

을불이 이처럼 소금을 팔며 하루의 끼니를 마련하기 위해 동분서주하고 있을 때 을불을 비참한 상황으로 몰아넣은 숙부 상부는 모용외의 침공에 고심하고 있었다.

모용외의 무덤 도굴 시도

서기 296년(봉상 임금 5년), 모용외가 고구려를 다시 침입하여 고국원(故國原)에 이르러 상부의 아버지인 서천 임금의 무덤을 도굴하려다 실패한 사건이 일어났다. 모용외는 고구려를 침공하여 이동하던 도중 고국원에서 서천 임금의 무덤을 발견하고 사람을 시켜 무덤을 파헤치도록 하였다.

　모용외가 고구려에 대한 군사행동을 앞둔 중요한 시점에서 소중한 시간을 소모해 가며 무덤을 파헤친 것은, 단순히 무덤 속의 값나가는 유물을 약탈하려 한 것은 아니며 다른 숨은 뜻이 있었을 것에 틀림없다. 우선은 서천 임금이 현 임금인 상부의 친부이므로 서천 임금의 시신을 가지고 상부를 위협하여 굴복시키려는 의도였을 가능성이 크다. 또 한편으로는 지난날 서천 임금이 모용외가 부여를 침공했을 때 부여를 지원한 데 대해 보복하려는 뜻도 있었을 것이다.

　하지만 무덤을 파헤치던 도중 갑자기 죽는 이들이 생겨나고 무덤 속에서 음악 소리가 들려오자 모용외는 무덤 안에 신이 있어 재앙을 입을까 두려워 결국 도굴을 포기하고 후퇴하였다고 한다. 물론 서천 임금의 신령스런 힘이 모용외로 하여금 스스로 물러나게 했다는 이야기는 사실이 아닐 것이다. 고구려의 방어선을 뚫고 고구려 중심부까지 진격한 모용외가 스스로 퇴각했을 리 없기 때문이다. 모용외의 군사는 무덤을 도굴하던 도중에 도굴 사실을 알고 출격한 고구려군에 의해 격퇴 당한 것이 틀림없다.3)

　무덤을 훼손한 자들이 사망하고 무덤 안에서 음악 소리가 들렸다는 것은 서천 임금의 신성함을 선전하기 위해 고구려인들이 꾸며낸

66

이야기일 것이다. 어쨌든 이렇게 해서 서천 임금의 시신은 무사할 수 있었지만 모용외의 무덤 도굴 시도로 인해 상부를 비롯한 고구려 사람들은 상당한 충격을 받았을 것이다.

한국사를 보면 이 밖에도 외적이 임금의 무덤을 도굴한 사건이 있었다. 임진왜란 때 일본군이 성종의 무덤인 선릉과 중종의 무덤인 정릉을 도굴한 적이 있고, 조선 말에는 독일 상인 오페르트가 충남 예산에 있는 대원군의 아버지인 남연군의 무덤을 파다가 실패한 적이 있었다.4) 그러나 이러한 일은 매우 드물며, 고구려에서는 전에 없었던 일이었으니 고구려 사람들의 분노가 어떠했을지 짐작할 수 있다. 더구나 고구려에서 임금은 단순히 나라를 통치하는 지도자가 아니었다.

시조 동명성제와 그의 아버지 해모수는 하느님의 자손으로 살아 있을 때에도 수시로 하늘나라를 방문하였으며 동명성제는 지상에서 와 같이 하늘나라의 정사에 참여하였다고 한다.5) 또한 동명성제는 지상에서의 재위 기간을 마치고는 황룡을 타고 승천했다고 하며6) 기린마를 타고 하늘로 올랐다는 기록도 있다. 동명성제의 아들 유류 는 동명성제가 살아 있는 몸 그대로 승천하였기 때문에 동명성제가 남긴 옥채찍으로 장사를 지냈다고 한다.7)

아마도 당시 서천 임금을 비롯한 고구려 임금들의 무덤은 계단식 돌무지무덤으로 조성되었을 것으로 여겨지는데 이것은 마치 하늘로 오르는 계단을 연상시킨다. 고대 이집트나 메소포타미아, 아메리카

등지에서도 이러한 계단식 피라미드형 건물이 축조되었으며 이러한
건축물은 흔히 통치자의 무덤이나 신전으로 사용되었다.

고구려의 대표적인 계단식 돌무지무덤인 장군무덤의 경우, 최상
층에 제사용 건축물이 있었던 것으로 밝혀져[8] 이 같은 무덤이 일종
의 제단 기능도 겸하고 있었음을 알 수 있다. 돌무지무덤은 겉에서
보면 돌로 쌓아올린 하나의 인공산이라고 할 수 있는데, 고대한국에
서 산이란 종교적 상징성을 강하게 내포하고 있는 공간이다. 환웅이
내려온 곳이 태백산(太伯山) 마루며 하느님의 아들 해모수가 하늘에
서 내려온 곳도 웅심산(熊心山)이다. 뿐만 아니라 개국 시조인 환웅
의 아들 단군이 아사달에서 몸을 숨겨 신이 된 곳도 산이다.[9]

이와 관련하여 후대의 한 전설은 고구려 돌무지무덤의 기원에
대하여 다음과 같은 흥미로운 이야기를 전하고 있다.

졸본부여(고구려)에 용맹하고 선하여 백성들로부터 신왕(神王)이
라고 불린 임금이 있었는데 하루는 그 임금이 신하들과 함께 사냥을
나갔다가 갑자기 너무 피곤하여 돌무지 위에서 잠이 들었다. 그런데
갑자기 돌무지에서 천지가 진동하는 소리가 들리고 빛이 나더니 돌무
지가 하나의 돌로 이루어진 연꽃대로 변했다고 한다. 임금은 연꽃대
위에서 미소를 지으며 손을 흔들었고 곧 신하들이 보는 앞에서 하늘로
올라갔다는 것이다.

나라 사람들은 이 임금을 추모하여 매해 임금이 하늘로 올라간
날이 오면, 임금이 대신들과 백성들을 데리고 신왕이 하늘로 오른

곳에서 제사를 지냈다고 한다.

그런데 그때마다 신왕은 연꽃대에 앉아서 아무런 말 없이 미소만
띤 채로 임금과 대신, 백성들과 만났으며 한 시간 정도 있다가 하늘로
돌아갔다고 한다. 이때부터 졸본부여 사람들은 돌무지 위에 묻혔다고
한다.10)

고구려의 임금이 돌무지가 변한 연꽃대 위에서 사람들이 보는
앞에서 하늘로 승천하였다는 전설은 고구려 임금이 혈연적으로 하
느님과 연결되어 있는 신성한 존재며 돌무지무덤이 임금이 하늘로
돌아가는 성스러운 공간임을 의미하는 것이다.

이처럼 신성시되어 온 장소가 외적에 의해 파헤쳐졌다는 사실은
고구려 사람들에게 국가적인 흉사로 여겨졌을 것이다. 고구려 임금
의 무덤이 다시 파헤쳐지는 일이 있어서는 안 되었을 터이므로 상부
는 대책 마련을 위한 군신회의를 개최하였다.

고노자의 활약

이때 국상(國相) 창조리(倉助利)가 북부 대형 고노자(高奴子)의
능력을 높이 평가하면서 신성(新城)의 태수(太守)로 추천하였다.
고노자가 태수로 추천된 신성은 중요한 군사적 요충지로서 여러
곳에서 언급되고 있다. 앞서 살펴본 상부가 모용외의 침공을 피해
이동한 곳의 이름도 신성이었다.

그러나 이 두 신성은 같은 성이 아니다.[11] 아마도 신성은 서북과 동북 두 곳에 있었던 것 같다. 일찍이 서천 임금은 두 차례에 걸쳐 신성에 행차한 바 있는데 이 신성은 나라 동북의 큰 진이라고 설명하고 있다. 상부가 모용외의 침공에 대비하기 위해 피해간 곳은 서천 임금이 행차한 동북쪽의 신성이며, 고노자가 태수로 추천되었다는 신성은 아마도 서북쪽의 신성일 것이다.

상부는 곡림에서 고노자가 자신을 구해준 바 있었으므로 창조리의 추천을 흔쾌히 받아들였던 것 같다. 과연 창조리의 인물 평가는 정확하였다. 고노자는 전에 임금을 구했던 바와 같이 용맹하였을 뿐 아니라 민정에도 탁월한 능력을 보여 선정을 펴고 방비를 굳건히 하여 변방을 안정시킴으로써 모용외의 침공을 저지하였다. 고노자로 인해 고구려는 한동안 변방의 근심을 덜 수 있었다.

국상 창조리

창조리는 2년 전에 전 국상인 상루(尙婁)가 죽자 대주부(大主簿)의 관위를 받고 국상에 임명되었다. 국상에 오르기 전 창조리의 관위는 남부(南部) 대사자(大使者)였다. 남부 대사자라는 관위는 고구려 초 대무신(大武神) 임금 시기의 남부(南部) 사자(使者) 추발소(鄒敎素)를 연상시킨다. 추발소는 대무신 임금 무휼(無恤)이 기존 비류부장들의 전횡을 막기 위해 새로 비류부장으로 임명했던 인물

70

이다.12)

사자라는 관위는 본래 부여에서 기원하였으며 심부름꾼이라는 의미에 걸맞게 임금의 명을 충실히 이행하는 관료적 성격의 관직에서 유래하는 것으로 추측된다. 또한 국상이라는 관직 자체가 왕권을 강화시켜 나가는 과정에서 설치된 왕과 밀접한 관계를 갖는 관직13) 이라는 측면에서 볼 때, 창조리는 본래 상부의 측근이었던 것 같다. 상부는 그의 권위에 도전하는 것을 용납하지 못하는 성격이었으므로 국상을 임명할 때에도 이러한 면을 충분히 염두에 두었을 것이다. 하지만 상부와 창조리는 후에 국정 운영을 두고 대립하게 된다.

자연재해와 상부의 실정

고노자의 노력으로 국경이 어느 정도 안정되자 상부는 임금의 권위를 강화하는 정책을 무리하게 실시하였다. 서기 298년(봉상 임금 7년) 9월, 서리와 우박 등 기상 악화로 농사를 망쳐 많은 백성들이 굶주림에 시달렸는데 그 다음 달(10월) 궁을 넓히는 공사를 벌였다. 궁은 자못 사치스럽고 화려했다고 한다. 백성들은 당연히 이 때문에 더욱 고통을 받았다. 여러 신하들은 자주 궁실 증축의 잘못에 대하여 간하였지만 상부는 전혀 들으려 하지 않았다. 상부는 궁궐이 크고 화려하지 않으면 임금의 권위를 세울 수 없다고 생각하였다.

군주국가에서 임금의 거주공간인 궁을 웅장하게 조영하는 것은 흔히 볼 수 있는 일이다. 궁궐의 증축은 단순한 사치 이전에 하나의 정치 행위라고 할 수 있기 때문이다. 확실히 궁궐의 장려함은 인민들을 압도하여 임금에 대한 복종을 이끌어내는 하나의 주요한 정치 수단이 되었다.

상부는 안국군 달가나 동생 돌고의 살해로 인해 실추된 위신을 궁궐 증축을 통해 회복하고 싶어했던 듯하다. 그러나 잠시 잠잠해졌다고는 하지만 당시는 외적의 침입이 잦은 비상시국이었다. 게다가 식량 사정도 좋지 않아 백성들이 굶주리던 상황에서 궁궐 증축을 위한 공역을 일으킨 것은 사려 깊지 못한 판단이었다.

한편 이해 11월에 상부는 을불에 대한 수색을 지시했다. 상부는 을불을 아직 잊지 않고 있었던 것이다. 상부는 을불을 찾으면 살해하라는 명령을 내렸다. 을불은 모반자 돌고의 아들이었지만 사실 돌고의 혐의는 확실하지 않았고 을불은 사사롭게는 조카였다. 그러나 상부에게 을불은 개인적인 감정을 떠나 분명 어좌를 위협할 수 있는 불안요소였기 때문에 제거해야 할 대상이었다. 사실 숙부와 동생을 살해한 바 있던 상부에게 나이 어린 조카 하나를 없애는 일이 그리 새삼스레 주저되는 일도 아니었을 것이다.

그렇다고 해도 모반 사건이 있은 지 5년이나 지난 시점에서 갑자기 을불에 대한 수색과 살해를 지시한 까닭은 무엇일까? 아마도 자연재해로 인한 기근과 자신의 정책에 대한 신하들의 저항이 상부를 초조하게 만들었기 때문일 것이다. 상부의 민생을 살피지 않는

정책은 해를 넘겨도 전혀 변함이 없었다. 상부는 자신에 대한 여론이 악화되고 있다는 것을 알면서도 자신의 통치 방식을 고치려 하지 않았고, 이로 인한 불길한 분위기는 점점 짙어져 가고 있었다.

서기 299년(봉상 임금 8년) 9월에는 봉산(烽山)에서 귀신이 슬피 울고 손님별[客星]이 달을 침범하는 일이 일어났다고 한다. 봉산은 다름 아닌 후에 상부가 죽어 묻힌 곳이다. 이곳에서 귀신이 슬피 울었다는 것은 상부의 주위에 무언가 심상치 않은 일이 벌어지고 있음을 암시하는 것이다.

손님별이 달을 침범했다는 사건 또한 상부에게 불길한 일이 일어날 것임을 알려주는 조짐이라고 할 수 있다. 고구려에서 시조 추모성왕(주몽)은 해와 달의 아들로 여겨졌다. 달은 곧 임금의 상징이다. 따라서 이 사건은 곧 임금에게 상서롭지 못한 일이 일어날 것임을 나타낸다. 이 같은 기록들은 초현실적이고 비이성적인 성격을 띠고 있지만 실제 벌어진 사건들을 은유하고 있다고 생각할 수 있다.

12월부터 그 다음해 정월에 걸쳐 지진이 있었고 2월부터 7월까지 무려 6개월 동안 비가 내리지 않았다. 당연히 백성들은 굶주렸고 서로 잡아먹기까지 하는 끔찍한 사태가 벌어지기도 하였다. 이렇게 어려운 상황에서 상부는 또다시 궁을 수리하는 사업을 일으켰다(8월). 그는 남성과 여성을 가리지 않고 15세 이상의 백성들을 이 공역에 동원하였다. 기근에 공역까지 겹치게 되니 많은 사람들이 고향을 버리고 도망하여 떠돌이가 되었다.

상부와 창조리의 갈등

본래 국상은 임금의 측근에서 임금을 보필하는 것이 중요한 임무 가운데 하나였다. 창조리는 근래의 위기 상황에 대하여 임금에게 현실을 알리고 대책을 세워야 할 의무가 있었다.

국상 창조리는 임금 상부에게 공역의 중지를 간하였다. 이는 국정을 책임지고 있던 사람으로서 당연한 일이었다. 창조리는 공역 중지의 당위성을 설명하는 한편, 지금은 비상시국임을 다음과 같이 강조하였다.

가까운 곳에 강한 적이 있습니다. 만약 적이 우리가 피폐함을 틈타 쳐들어온다면 사직과 백성은 어떻게 되겠습니까? 임금께서는 깊이 생각해 주시기 바랍니다.

창조리가 말한 강한 적이란 모용선비를 가리키는 것임에 틀림없다. 이는 충분히 예상할 수 있는 일이었다. 다른 사람도 아닌 상부 자신이 수년 전 곡림에서 모용외의 군사에게 추격을 당한 경험이 있었다. 그럼에도 상부는 창조리의 간언에 오히려 화를 내었다.

임금이란 백성들이 우러러보는 것이다. 만약 궁실이 화려하고 아름답지 않으면 무엇으로 그 위중함을 보인단 말인가? 지금 국상은 나를 비방하여 백성들에게 영예를 얻으려는 것인가?

상부는 자신이 백성들로부터 비난받고 있다는 것을 알고 있었다. 그러나 자신의 생각을 바꾸려 하지 않고, 오히려 국상을 향해 백성들로부터 칭송을 얻으려 한다고 비난하였다. 창조리는 간언은 신하로서 당연히 해야 할 의무라고 대답하였다.

임금이 백성을 가엾게 여기지 않으면 어짊이 아니고 신하가 임금에게 간하지 않는 것은 충성이 아닙니다. 신이 국상으로서 감히 말을 하지 않을 수 없어 하였을 뿐이지 어찌 영예를 바라겠습니까?

하지만 상부는 웃으며 창조리의 간언을 한마디로 일축하였다.

그대는 백성을 위해 죽고 싶은가? 다시는 말하지 말라.

창조리는 하는수없이 자리를 물러나왔다. 상부는 결국 자신의 의지를 관철시켰지만 그것은 일방적인 것이었다. 두 사람의 주장은 마치 평행선과 같아 조금도 좁혀지지 않았다.

국상(國相)은 고구려 초기부터 존재했던 관직은 아니다. 국상이 처음 설치된 것은 신대(新大) 임금 시기였다. 신대 임금은 그 전 임금인 차대(次大) 임금을 시해한 명림답부(明臨荅夫)에 의해 임금 자리에 오른 인물이었다. 신대 임금은 기존의 좌·우보(左·右輔)제를 폐지하고 국상이라는 관직을 새로 마련한 후 최초의 국상으로

서 자신을 임금으로 추대한 명림답부를 임명하였다.[14]

이처럼 국상은 나라의 재상이라는 이름 그대로 설치 초기부터 임금 다음 가는 권력을 가진 직책으로서의 성격을 가지고 있었다. 그만큼 국상은 여러 신료들에게 영향력을 미칠 수 있는 관직이었으며 임금을 보필하는 동시에 견제하기도 하는 자리였다. 따라서 상부로서는 창조리가 본래 자신의 측근이었다 해도 국상이 된 이상 일정하게 견제의 필요성을 느끼고 있었을 것이다.

앞에서 상부가 창조리에게 죽기를 원하느냐고 한 말은 창조리의 입장에서는 그저 흘려들을 수 있는 것이 아니었다. 상부는 이미 그의 작은아버지인 달가와 동생인 돌고를 살해한 바 있고 조카인 을불까지 죽이려 한 전력이 있었다. 국상이라고 해서 다를 것이 있겠는가? 창조리에게는 분명 생명의 위협까지 느낄 수 있는 발언이었다.

창조리가 상부의 폐위를 적극적으로 생각하게 된 계기는 바로 이날의 대화였을 것으로 여겨진다. 상부가 군주의 자리에 있는 한 현재의 정국이 바뀔 가능성은 없을 뿐 아니라 자신의 생존 역시 장담하기 어려운 상황에서 창조리로서는 위험하지만 유일한 선택이었을 것이다.

상부를 폐위시키려는 의지가 굳어지자 창조리는 상부를 대신하여 임금으로 추대할 만한 새로운 인물을 생각할 수밖에 없었다. 상부를 폐위하고 그의 아들을 새로운 임금으로 세우는 것도 생각해 보았겠지만 훗날 갈등의 씨앗이 될 수 있기에 현명한 대안이라고 할 수 없었다.

상부와 가까운 핏줄이면서 상부와 대립하는 인물이 새로운 임금으로서 가장 적당할 것이다. 창조리의 생각이 여기에 미쳤을 때 그의 머리에 떠오른 인물은 을불이었을 것이다. 더구나 을불은 도망자 신세였으므로 을불이 임금의 자리에 오른다면, 창조리로서는 새로 임금을 세운 공이 생길 뿐 아니라 임금이 자신을 크게 의지할 것이므로 이 이상 좋은 대안이 없었다.

소금행상 을불

한편 을불은 위와 같은 급박한 궁내의 정세와는 상관없이 소금장수로서 고단한 생계를 꾸려나가고 있었다. 하지만 장사조차 쉬운 일은 아니어서 억울한 무고를 당해 가지고 있던 소금을 모두 빼앗기는 곤욕을 치르기도 하였는데 대략 이 무렵의 일이었다고 한다.

을불은 소금을 팔러 다니다가 강동(江東) 사수촌(思收村)이라는 곳에서 잠시 유숙하였다. 을불이 숙식한 집의 한 노파가 소금을 달라고 하기에 을불은 자신의 형편도 어려웠지만 약간의 소금을 노파에게 나누어주었다. 하지만 노파는 고마워하기는커녕 더 많은 소금을 요구하였고 을불은 주지 않았다. 이것에 앙심을 품은 노파는 을불을 도둑으로 몰 셈으로 자신의 신을 몰래 소금 속에 넣어두었다.

을불은 아무것도 모른 채 소금을 지고 다시 장삿길에 올랐는데 노파가 쫓아와 을불이 자신의 신을 훔쳤다며 압록의 재(宰)에게 고발하였다. 재는 곧 고구려의 지방 관리다. 상부를 구한 고노자도 신성의 재였다. 압록의 재는 을불의 혐의를 인정하여 곤장을 쳤을 뿐 아니라 소금까지 모두 노파에게 주도록 판결하였다. 을불은 한순간에 가지고 있던 소금을 다 빼앗기고 거리로 내쳐졌다.

이후 을불의 행적에 대해서는 자세한 기록이 없어 알 수 없다. 하지만 굳이 구체적인 상황은 모른다 해도 그 후의 삶이 녹록치 않았을 것임은 짐작할 수 있다. 자연재해와 상부의 실정으로 나라 전체가 기근에 허덕이고 있는데다가 상부의 추적까지 따돌려야 하는 형편이었으니 그의 삶의 고단함은 이루 말하기 어려웠을 것이다.

창조리는 일단 임금을 폐하기로 결심이 서자 조불(祖弗), 소우(蕭友) 등을 시켜 은밀하게 을불을 찾아보도록 지시하였다. 그의 밀명을 받은 이들 중에는 을불의 어렸을 때 모습을 기억하는 자도 포함되어 있었을 것이다.

한편 창조리는 금상의 폐위를 위해 자신과 뜻을 같이하는 이들을 포섭하기 시작했을 것이다. 처음 돌고가 죽었을 때 돌고에게 죄가 없음을 슬퍼하는 이들이 있었다. 이들이 아직 어린 나이였던 을불의 도망을 도왔을 것이다. 친돌고계 세력들은 상부에 의해 대부분 제거되었을 테지만 조정에 아직 남아 있었을 가능성도 있다. 창조리는

한편으로는 이들과 접촉하면서 또 다른 한편으로는 당시 임금의
국정 운영에 불만을 품고 있는 세력을 규합하여 나갔을 것이다.

창조리의 밀명으로 을불을 수소문하던 소우 등은 비류하변의 배
위에서 을불을 우연히 발견하였다. 당시 을불은 마른 나무처럼 비쩍
마르고 핏기가 전혀 없는데다가 입고 있는 옷조차 누더기여서 그가
임금의 핏줄이라는 것은 상상할 수도 없는 모습이었다고 한다. 유일
한 재산인 소금을 모두 빼앗겨버린데다가 상부 재위 말년의 기근과
혼란을 겪으며 도망 생활을 해야 했으니 당연한 일이었다.

그러나 소우 등은 겉모습은 초라할지라도 을불의 행동에서 범상
치 않은 점을 발견하고 을불이 아닌가 의심하였다. 아마도 누군가
을불의 얼굴을 알아보았을 것이다. 소우 등은 어느 정도 확신이
서자 을불에게 나아가 절을 하고 국상과 여러 신하들이 지금의 임금
을 폐하고 을불을 임금으로 삼고자 한다고 설명하였다.

지금 임금은 무도하여 국상과 여러 신하들은 몰래 임금을 폐하고자
도모하고 있습니다.

처음 을불은 그들의 말을 의심하여 자신은 을불이 아니라며 부인
하였다.

나는 촌사람일 뿐 임금의 자손이 아닙니다. 다시 한 번 잘 살펴보시기

바랍니다.

이것은 도망자 신세였던 을불로서는 당연한 반응이었다. 하지만 소우 등은 이 누더기 소년이 을불이라는 확신이 섰는지 거듭 함께 돌아갈 것을 청하였다.

소우 등의 간곡한 설득에 결국 을불도 자신의 신분을 인정하고 그들과 동행하였다. 사실 을불은 이들과 함께하면서도 반신반의하였을 것이다. 궁에서 도망쳐 나와 머슴과 소금장수 등으로 여항을 떠돈 지 7년여가 지났다. 결코 짧은 시간이 아니었으니 이제 와 갑자기 낯선 자들이 나타나 자신을 임금으로 삼고 싶다고 한들 쉽게 믿을 수 있었을 리 없다. 어쩌면 숙부의 함정일 수 있다고 생각했을 수도 있다.

결국 막다른 골목에 몰린 소년이 자신의 목숨을 걸고 일생일대의 내기를 한 셈이었다. 하지만 천만다행으로 소우 등의 말은 사실이었고 국상 창조리는 크게 기뻐하며 을불을 반갑게 맞아주었다.[15] 그리고 을불을 창조리의 동지로 추정되는 조맥남(鳥陌南)의 집에 몰래 숨겨두고는[16] 아무도 알아채지 못하게 하였다. 이제 창조리는 을불을 확보함으로써 정변의 명분을 마련하게 되었다.

물론 이것으로 을불 자신의 고난이 모두 끝났음을 의미하는 것은 아니었다. 임금 상부가 폐위될 때까지는 앞날을 예측하기 어려웠다. 때문에 을불도 긴장을 늦출 수 없었을 터지만 일단은 아주 잠시 동안이나마 휴식을 취할 수 있었을 것이다.

상부의 폐위와 을불의 즉위

한편 상부는 그가 뒤쫓던 을불이 바로 코앞에 있으리라고는 꿈에도 생각지 못한 채 이해(서기 300년) 가을 9월, 후산(侯山)이라는 곳으로 사냥을 떠났다. 이날의 행사에는 많은 수행원이 참가하였을 것이고 이 때문에 창조리는 후산의 사냥을 정변의 기회로 삼은 것으로 추정된다.

그 전 달에 기근 속에서 벌인 무리한 공역으로 많은 백성들이 유랑민이 되었음에도 아랑곳없이 사냥을 떠난 것은 상부의 실수였다. 창조리는 여러 사람들에게 자신과 마음이 같다면 자신을 따라하라면서 자신의 모자에 갈대 잎을 꽂았다. 여러 사람들이 모두 창조리의 행동을 따랐다.

창조리는 모두가 뜻을 함께하고 있음을 확신하자 이윽고 상부를 폐하여 별실에 가두고 병사를 두어 주위를 지키게 하였다. 상부는 죽음을 면하지 못할 것을 깨닫고 스스로 목숨을 끊었으며 그의 두 아들 또한 아버지를 따라 자살하였다. 옥새가 바쳐지고 을불은 고구려 임금으로 즉위하였다(서기 300년). 이가 곧 고구려의 제15대 임금 미천왕이다.

을불과 관련하여 만주에는 다음과 같은 흥미로운 전설이 전해오고 있다고 한다.

　　고구려의 고대에 '우굴로'란 대왕이 있었는데, 그가 아직 왕이 되기
전에 불우하여 사방으로 돌아다니며 걸식을 할 때 가죽으로 신을
만들어 신었으므로, 지금도 만주에서 가죽신을 '우굴로'(우굴로는 만주
노동자의 신)라 함은 그 대왕의 이름으로 이름 지은 것입니다. 그
대왕이 그렇게 걸식하도록 곤궁하였지마는, 늘 요동을 되찾을 생각을
가지고 있어 요동 각지를 돌아다닐 때, 산과 내의 험하고 평탄한 것,
길의 멀고 가까운 것을 알기 위해 풀씨를 가지고 다니면서 길가에
뿌려 그 지나간 길을 기억했으므로, 지금 요동 각지의 길가에 '우굴로'
란 풀이 많습니다.

　위의 이야기는 항일투사이자 역사가인 신채호가 일찍이 만주 환
인현(桓仁縣)에서 그 지방의 문사이자 만주인인 왕자평(王子平)에
게서 들은 것을 그의 저서 『조선상고사』에 기록한 것이다.17)
　신채호는 '우굴로'가 을불과 소리가 비슷하고 고구려 제왕 중 초년
에 걸식한 이는 을불뿐이므로 '우굴로'를 을불이 한미할 때의 이름으
로 추측하였다. 여러 정황으로 추정하건대 이 전설의 주인공은 미천
임금 을불이 틀림없는 듯하다.
　미천 임금의 이름은 '우불(憂弗)' 또는 '을불리(乙弗利)'라고도 하
고 을불, 우불, 을불리는 우굴로와 그 소리가 매우 비슷하지만 우굴
로가 신채호의 주장처럼 미천 임금의 또 다른 이름인지, 아니면

단지 입에서 입으로 전해지는 과정에서 소리가 변한 것인지 확실하지 않다. 실제로 을불은 쫓기는 처지였으므로 자신의 본명을 그대로 쓰지는 않았을 터고, 우굴로는 을불이 자신의 신분을 속이기 위해 만든 가명이었는지도 모른다.

전설은 우굴로(을불)가 비록 처지는 불우하지만 걸식을 하면서도 '늘 요동을 되찾을 생각을 가지고' 있었다고 전한다. 그래서 요동의 지형을 살피고 멀고 가까운 것을 알기 위해 풀씨를 이용했다는 것이다. 을불이 도망자의 삶을 살던 시절에 이러한 웅지를 품었다고 한 것은 아마도 과장일 것이다. 당시의 을불에게 가장 절박한 문제는 살아남는 것 그 자체였을 것이기 때문이다. 그럼에도 이 전설은 불우한 처지에서도 결코 절망하지 않았던 을불의 성격을 잘 그리고 있다.

하지만 즉위 초 고구려의 군신들 가운데 을불의 남다른 면모를 알아본 사람은 거의 없었을 것이다. 아마 대부분의 사람들은 이전 임금의 폭정이 멈춘 것에 안도의 한숨을 내쉬었을 뿐 갑자기 임금의 자리에 오른 십대 소년에 대해서는 크게 기대하지 않았을 것이다. 이는 을불이 어린 나이에 즉위했기 때문은 아니었다. 즉위 당시 을불의 나이는 대략 12~14세 정도로 추정되는데, 당시로서는 한 나라의 군주가 되기에 그렇게 크게 어린 나이는 아니었다.

선비족의 전설적인 영웅 단석괴가 선비족을 통일하여 대제국을 건설했을 때 단석의 나이는 15세였다. 모용외가 모용선비의 군주로서 부여를 격파하고 그 임금을 자살하게 만들었을 때 모용의 나이는 17세였고, 전연의 모용패(慕容覇)가 평적장군(平狄將軍)으로 우문선비를 공격하였을 때 나이가 13세였다. 뒷날 전연의 황제 모용위(慕容暐)가 섭정인 숙부 모용각(慕容恪)에게 자신의 인사권을 고집하며 제권을 되찾으려는 시도를 하였을 때도 그 나이는 11세였을 뿐이다.

이에 대하여 유목기마민족 사회에서는 활동연령이 매우 빨랐기 때문이라고 설명하는데,[18] 고구려의 3대 임금 무휼이 학반령에서 부여 군사를 매복 기습으로 격파했을 때 무휼의 나이는 겨우 10세였다.

이러한 예는 또 있다. 중국 동한 시기 광무제 유수(劉秀)가 나라를 세운 지 얼마 되지 않아 경지면적과 호구조사를 실시한 적이 있었다. 이때 유수가 여러 군에서 올라온 보고서를 살펴보는데 보고서 가운데에 영천(潁川)과 홍농(弘農)은 물을 수 있어도 하남(河南)과 남양(南陽)은 물을 수 없다는 구절이 있었다. 유수가 이 구절의 의미를 물어보니 훗날 명제가 되는 태자 양(陽)이 말하기를,

이것은 영천군이나 홍농군의 조사보고는 신용할 수 있지만, 하남군이나 남양군의 것은 신용할 수 없다는 의미입니다. 하남군에는 수도가 있어서 고관이 많고, 남양군은 황제의 향리여서 근친자가 많기 때문입니다.

84

라고 하였다고 한다. 유수가 이 말을 듣고 부정 신고를 한 지방관을
처벌하였다.19) 이것은 태자의 뛰어난 정치적 감각을 보여주는 예화
인데, 당시 태자의 나이도 12세로서 즉위 당시 을불의 나이와 크게
다르지 않았다.

을불의 문제는 나이보다는 그의 생애의 대부분을 궁을 벗어나
머슴이나 소금장수로 목숨을 연명하며 저자의 여기저기를 떠돌았다
는 데 있었다. 이 때문에 귀족과 고관들 사이에서는 이 신출내기
임금을 은근히 무시하는 경향도 있었을 것이다.

다만 을불이 겪은 고난은 많은 사람들의 동정을 사기에 충분하였
을 것이고 그의 아버지 돌고의 죽음을 애통해하는 이들[국인(國人)]
이 있었다는 기록을 통해 볼 때 을불의 즉위에 대한 고구려 사람들의
여론은 비교적 호의적이었던 듯하다.

그런데 을불 자신은 임금 자리에 오른 것에 대하여 어떻게 생각했
을까? 추측하건대 한편으로는 더 이상 도망자의 신세가 아니고 곤궁
한 삶에서 벗어났다는 사실에 안도하였을 테지만, 다른 한편으로는
갑자기 한 나라의 임금으로 즉위한 것이 매우 당황스러웠을 것이다.
을불이 기억하는 궁은 피붙이끼리 살육을 벌이는 무서운 곳이었다.
다른 누구도 아닌 을불 자신이 그러한 권력투쟁의 피해자였다. 만일
상부의 아들들이 상부를 따라 자살하지 않았다면 을불도 즉위하자
마자 그의 사촌들의 생사 여부를 결정해야 했을 것이다.

애석하게도 우리는 을불 즉위 직후 그의 주위에서 벌어진 일들에

대해서는 알고 있는 것이 전혀 없다. 『삼국사기』에 나오는 미천 임금 즉위 이후의 기록은 대부분 대외관계에 관한 사건들로 채워져 있기 때문이다. 우리는 단지 을불이 이 시기에 과거의 불행했던 사건을 정리하고 한 나라의 군주로서 지녀야할 여러 능력들을 갖추어나갔으리라고 추측할 수 있을 따름이다.

  을불이 즉위하고 2년 동안의 고구려 정세에 대한 기록은 전혀 남아 있지 않다. 중요한 사건들을 『삼국사기』가 누락한 것이 아니라면 이것은 이 기간 동안 고구려가 대외활동을 자제하고 내부적인 정비를 하고 있었다는 것을 의미한다. 고구려로서도 그동안의 기근과 상부의 지나친 공역으로 지쳐 있었으므로 이에 대한 휴식의 시간이 필요했을 것이다.

86

1) 申采浩, 『조선 상고사(Ⅰ)』, 서울: 일신서적출판사, 1990, 198쪽.

2) 『三國史記』 卷第17「高句麗本紀」5 美川王 元年.

3) 申采浩, 『조선 상고사(Ⅰ)』, 서울: 일신서적출판사, 1990, 196쪽.

4) 정구복, 『인물로 보는 삼국사』, 서울: 시아출판사, 2006, 74쪽.

5) 『帝王韻紀』 卷下.

6) 「國岡上廣開土境平安好太王陵碑文」, "黃龍負昇天."

7) 『東國李相國全集』 卷第3 古律詩「東明王篇」.

8) 李亨求, 『韓國古代文化의 起源』(까치東洋學 10), 서울: 까치, 1991, 157~160쪽.

9) 『三國遺事』 卷第1「紀異」1 ; 『三國史記』 卷第13「高句麗本紀」1 始祖 東明聖王.

10) 강윤동·임지덕 공저, 최무장 역, 『고구려의 전설』, 서울: 백산자료원, 2005, 65~67쪽.

11) 이지린·강인숙, 『고구려 역사』, 서울: 논장, 1988, 71~72쪽.

12) 『三國史記』 卷第14「高句麗本紀」2 大武神王 15年.

13) 이종욱, 『주몽에서 태조대왕까지 고구려의 국가 형성과 성장에 대한-모델3』(서강학술총서 002), 서울: 서강대학교출판부, 2008, 13쪽.

14) 『三國史記』 卷第16「高句麗本紀」4 新大王 2年.

15) 『三國史記』 卷第17「高句麗本紀」5 美川王 元年.

16) 申采浩, 『조선 상고사(Ⅰ)』, 서울: 일신서적출판사, 1990, 198쪽 ; 『三國史記』 卷第17「高句麗本紀」5 美川王 元年, "致於烏陌南家."이를 조맥 남쪽 어느 집이라고 풀이하기도 한다(李丙燾 역주, 『三國史記(上)』, 서울: 乙酉文化社, 1990, 311쪽).

17) 申采浩, 『조선 상고사(Ⅰ)』, 서울: 일신서적출판사, 1990, 199쪽.

18) 池培善, 『中世東北亞史研究』, 서울: 一潮閣, 1986, 168쪽.

19) 니시지마 사다오 지음, 최덕경·임대희 옮김, 『중국의 역사-진한사』, 서울: 혜안, 2004, 439~440쪽.

4. 패권 전쟁

서진의 혼미

을불이 갖은 고초를 겪고 마침내 임금으로 즉위하는 동안 서진은 점차 되돌릴 수 없는 혼란 속으로 빠져들었다. 서진 초 서진의 내부에는 크게 세 개의 대립되는 집단이 형성되었는데 양준(楊駿)을 중심으로 하는 무제(武帝) 사마염(司馬炎)의 외척세력과 가후(賈后)로 대표되는 태자 사마충(司馬衷)의 외척세력, 그리고 종실과 제왕이 그들이었다. 이들은 서로가 서로를 경계하였는데 사마염이 사망한 후 가후의 야심과 폭정이 기폭제가 되어 서진은 빠져나올 수 없는 내란의 소용돌이에 휘말려들었다.

사마염은 오(吳)를 멸망시켜 삼국의 분열을 종식시킨 공이 있었고 도량이 크고 직언을 잘 받아들인 반면 병을 얻을 정도로 풍류와 여색을 좋아하는 단점도 있었다.[1] 그는 나름 여러 문제들에 대하여 고심하였으나 끝내 잘못된 판단으로 서진의 운명을 나락으로 밀어

넣었다. 이는 사마염이 사망한 이듬해에 이른바 '8왕(八王)의 난'이라고 불리는 내란이 시작되었던 데서 잘 알 수 있다. 사마염의 재위 시기는 겉으로만 평온해 보였을 뿐 안으로는 모순이 깊어지고 있었다.

사마염은 위나라가 멸망한 것은 종실을 소홀히 하였기 때문이라고 판단하였다. 사마씨 자신들이 위나라의 제위를 권모술수로 탈취한 경험을 교훈으로 받아들여 제후국으로써 중앙을 호위하여 만일에 있을 또 다른 권신의 반란을 예방하고자 하였다. 이러한 목적하에 봉건제를 실시하여 여러 황족들을 국왕으로 봉하여 지방의 통수권을 맡기고 독자적인 인사권과 군대를 가질 수 있도록 하였다.

이러한 조치는 제후들의 사기를 진작시켰지만 한편으로는 그들의 야심도 자극하는 효과를 불러왔다. 게다가 사마염은 오나라를 정복한 후 지방 주·군의 병력을 거의 제거하였는데2) 이것은 국방력을 심각하게 약화시켰을 뿐 아니라 각지의 동성 제후들의 야심을 더욱 부채질하는 결과를 낳았다.

흉폭한 가후와 어리석은 혜제

태자비 가후는 개국원훈인 가충(賈充)의 딸이었다. 그녀는 권모와 지략을 갖추고 있었고 성격이 사납고 매우 잔인하였다. 처음 가후가 태자비가 되었을 때 질투로 인하여 몇 사람을 직접 죽였을

뿐 아니라 회임한 시첩에게 창을 던져 낙태를 하게 한 적도 있었다고
한다.[3]

사마염은 이러한 가후를 폐위시키려 하였으나 그 아버지 가충에
게 공이 있다 하여 끝내 그대로 두었다. 가충은 덕이 있는 사람이
아니었으나 사마씨의 권력 장악과 사마염 자신의 즉위에 공이 있었
다.

과거 위나라 시절 사마소(司馬昭)의 핍박에 맞서 고귀향공(高貴
鄕公) 조모(曹髦)가 직접 사마소 토벌에 나선 적이 있었다. 가충은
위나라 왕실의 충신이었던 아버지 가규(賈逵)와는 다르게 사마씨를
위해 봉사하였다. 그는 조모와 싸우던 중 태자사인(太子舍人) 성제
(成濟)를 시켜 황제 조모를 찔러 죽이게 하였다. 사마씨를 대신하여
임금을 살해한 대죄를 자신이 뒤집어씀으로써 공을 세웠던 것이
다.[4] 또 사마염의 아버지 사마소는 본래 사마염보다는 사마염의
동생인 제왕(齊王) 유(攸)로 자신의 뒤를 잇게 하려고 하였는데 가
충의 반대로 무산된 적이 있었다. 이 때문에 사마염은 즉위 후 그를
중히 생각하였다.[5]

그러나 태자 사마충은 어리석은 인물이어서 끝내는 태자비 가후
의 전횡에 허수아비 노릇을 할 수밖에 없었다.

빵이 없으면, 브리오시(케이크)를 먹으면 되잖아!

이것은 혁명 전 프랑스에서 파리에 빵의 결핍이 절정에 달했을 때 루이 16세의 비 마리 앙투아네트가 말했다고 알려진 유명한 이야 기다. 실제로 이 말을 한 이는 마리 앙투아네트는 아니었다고 한다. 이 말의 주인공은 태양왕 루이 14세의 왕비인 마리 테레즈라고도 하고6) 혹은 어떤 귀부인이었다고도 하는데 어쨌든 이 말은 세상물 정 모르는 통치자의 어리석음을 잘 보여주는 것으로, 오늘날까지도 사람들의 입에 오르내리고 있다.

그런데 태자 사마충의 어리석음도 이와 다르지 않았다. 아랫사람 이 기근이 심하게 들어 백성들이 굶어죽는다고 하자 왜 고기죽을 먹지 않는가 하고 되물었을 정도였다고 한다.7) 상황이 이러하니 애초에 사마충이 현명한 군주가 되기를 기대하기는 상상할 수도 없는 일이었다. 사마염도 태자의 이런 슬기롭지 못한 점을 걱정하였 고 때로 시험을 치기도 하였다. 한 번은 의심나는 일을 적어 밀봉하 고 이를 보내 태자에게 처리하도록 한 적이 있었는데 가후는 사람을 시켜 태자의 수준에 맞는 적당한 답안을 만들게 하여 이를 본 사마염 을 안심시키기도 하였다.

사마염은 그나마 태자 사마충에게 총명한 아들 사마휼(司馬遹)이 있는 것을 위안으로 삼았으나8) 사마휼은 가후의 친아들이 아니었으 므로 가후가 정권을 마음대로 할 경우 사마휼이 태자가 되어 자리를 보전할 수 있을지는 알 수 없는 일이었다. 사마염은 사마충 대신 그의 친동생인 제왕 유를 후사로 선택할 수 있었으나 끝내 태자를

바꾸지는 못하였다.9)

결국 사마염은 여러 왕을 분봉하고 지방의 무장세력을 해체하여 권신의 모반을 원천봉쇄하려 하였으나 내부에서 일어날 수 있는 분쟁 가능성은 예상하지 못하는 실수를 저질렀다. 또한 사마염은 태자 사마충의 어리석음과 태자비 가후의 야심과 잔인함에 대해서도 그 위험성을 충분히 인식하고 있었으나 끝내는 결단을 내리지 못해 사마충에게 후사를 잇게 함으로써 결국 뒷날의 혼란의 빌미를 제공하였다.

사마염이 처음 즉위했을 때 시초점(蓍草占)을 쳐서 일(一)을 얻었는데 왕위의 존속 세대수가 이것의 숫자에 달려 있다고 믿었기 때문에 사마염이 매우 불쾌해했다는 일화가 전한다.10) 후세 사람들이 꾸며낸 이야기일 수도 있으나 아무튼 이 점괘는 적중하였다고 하겠다. 서진의 진정한 군주는 사마염 자신 하나뿐이었기 때문이다.

혼란의 시작

사마염이 사망하고 그의 아들 사마충이 즉위하자 사마염의 배우자인 태후의 아버지 양준이 정권을 장악하게 되었다. 양준은 가후의 교활함과 야심을 잘 알고 이를 경계하고 있었는데 가후 또한 양준을 없애고 권력을 마음대로 하고자 하였다.

가후는 반역을 꾀하였다는 무고로 양준을 살해하고 부친을 구하려 한 태후마저 반역에 참여했다며 폐서인시켰다. 양태후는 이후 금용성(金墉城)에 유폐되었다가 다음 해에 사망한다. 이렇게 해서 가후는 일단 양준의 세력을 없애는 데 성공하였다. 하지만 양준 사후 여남왕(汝南王) 사마량(司馬亮)이 정권을 장악하는 듯 보이자 자신이 앞으로 권력을 마음대로 할 수 없을 것을 염려하여 사마량도 무너뜨리고자 하였다.

이 와중에 초왕(楚王) 사마위(司馬瑋)가 사마량을 원망하고 있다는 것을 안 가후는 사마위를 이용하여 사마량을 제거할 계획을 세웠다. 가후는 황제를 움직여 사마량이 권력을 전횡하려 한다는 명목으로 초왕 사마위로 하여금 여남왕 사마량을 공격하게 하였고 마침내 사마위는 군사를 동원하여 사마량을 살해하였다.

사마량을 없앤 가후는 이젠 사마위도 거추장스럽게 여겨져 다시 "조서를 날조하고 국정을 보좌하는 대신들을 마음대로 죽였다"는 죄를 물어 사마위마저 처형하였다. 사형장에서 사마위는 조서를 꺼내들고 억울함을 호소하였으나 그의 말에 귀를 기울이는 사람은 아무도 없었다(서기 291년).[11]

태자 피살

가후는 이렇게 두 왕을 제거하고 그토록 원하던 정권을 장악하였다. 그러나 아들이 없었고 남편 혜제(惠帝) 사마충의 또 다른 비인

사씨(謝氏)가 낳은 태자 사마휼과는 사이가 좋지 않았다. 사마휼은 어려서는 총명하다는 평을 들었으나 자라면서 공부는 좋아하지 않고 놀이에만 열중하였다. 그는 궁중 안에 시장을 만들고 사람들에게 짐승을 잡고 술을 팔게 하며 직접 무게를 달았다. 생모가 푸줏간집 딸이었기 때문에 이런 놀이를 좋아하였다[12]고 한다. 가후는 사람을 시켜 태자를 유혹해서 사치하고 포학한 짓을 하도록 부추겨 사람들의 신망을 잃게 만들었다.

조왕(趙王) 사마륜(司馬倫)은 가후와 친분관계에 있었는데 심복인 손수(孫秀)의 계략에 따라 가후에게 태자를 제거하라고 충동질하였다. 사마륜은 가후를 이용하여 일단 태자를 없앤 후 태자를 위해 복수를 한다는 명분으로 가후를 폐위시키고 권력을 차지할 속셈이었다.

가후는 태자를 없애고자 함정을 만들었다. 태자에게 정신을 가눌 수 없을 정도로 술을 먹인 뒤 태자 스스로 반역의 내용이 담긴 문서를 작성하게 하고 이를 근거로 태자가 자살하도록 황제 사마충을 조종하였다. 신하들이 태자의 죽음만은 극구 반대하자 가후는 일단 태자를 폐서인시킨 후 결국 암살하였다. 태자는 가후가 보낸 독을 끝내 거부하다가 독을 가지고 온 자에게 약 빻는 공이에 맞아 숨졌다. 한 나라의 태자로서 너무나 비참한 죽음이었다(서기 300년).[13]

거듭되는 혼란

가후는 태자의 죽음으로 모든 것이 자신의 뜻대로 되어 간다고
생각했을 것이나 사실 정국은 사마륜의 의도대로 흘러가고 있었다.
가후의 전횡에 불만을 품은 이들은 사마륜에게 가후의 폐위를 요청
하였고, 사마륜은 이를 당연히 받아들였다. 사마륜은 태자의 억울함
을 갚는다며 서기 300년(영강永康 원년) 가후를 체포한 후 처형하였
다.

하루아침에 정권은 가후에서 사마륜에게 넘어갔다. 사마륜은 스
스로 상국이 된 후 다음 해에는 혜제 사마충을 태상황으로 밀어내고
스스로 황제의 자리에 올랐다. 이에 여러 왕들이 황실을 호위한다는
명분 하에 야심을 숨긴 채 사마륜 토벌을 외치며 일어났다. 제왕(齊
王) 사마경(司馬冏), 성도왕(成都王) 사마영(司馬穎), 하간왕(河間
王) 사마옹(司馬顒) 등이 그들이었다.

제왕 사마경은 조왕 사마륜의 가후 폐위 정변에 참가하였으나
그 대가로 얻은 관직을 하찮은 것으로 여겨 사마륜에게 원한을 품고
있었다. 사마경은 각 주·군에 격문을 띄우고 여러 왕들에게 군대를
일으킬 것을 호소하였다. 이에 성도왕 사마영, 상산왕(常山王) 사마
예(司馬乂) 뒤의 장사왕 등이 호응하였고, 조왕 사마륜을 지지하던 하
간왕 사마옹은 제왕 경의 병력이 막강하다는 이야기를 듣고 제왕
경의 편으로 돌아섰다.

성도왕의 군대가 조왕의 군사를 크게 무찌르자 낙양에서는 정변이 일어나 조왕 사마륜은 살해되었다. 이렇게 해서 조왕의 천하도 끝이 났다.

한편 낙양에 입성한 사마경 또한 자신의 세 아들을 모두 왕으로 봉하는 등 전횡을 일삼자 곳곳에서 불만이 터져나왔고 곧 제왕 사마경에 대해서도 반대하는 움직임이 일어났다.

사마륜의 쿠데타는 다른 왕들에게 하나의 본보기가 되었다. 한 제후 왕이 정권을 잡으면 이를 시기한 다른 왕이 군사를 일으키고 쿠데타에 성공하면 정권은 새로운 왕에게로 넘어가는 일이 되풀이되었다. 얽히고설키는 대규모 내란의 시작이었다.

현도군 침공

서진 조정이 혼란을 거듭하고 있던 서기 302년(미천 임금 3년) 9월, 을불이 직접 군사를 이끌고 현도군(玄菟郡)을 침공하였다. 가후의 폭정과 연이은 제후 왕들의 쿠데타로 중앙의 혼미한 상황은 변군의 상황을 더욱 어렵게 만들었을 것이 틀림없다. 이것은 고구려에게 외부로 뻗어나갈 수 있는 좋은 기회를 제공하였고, 결과는 성공이었다. 고구려군은 현도군을 공파하여 8천 정도의 포로를 잡아 이들을 평양(平壤)으로 옮겼다.

을불의 현도군 공격은 고구려로서는 위나라 무구검의 침공 이후 그동안의 수세적인 입장에서 벗어나 공격적인 대외정책을 펴기 시작했다는 점에 의의가 있다. 여기서 또 하나 주목할 점은 현도군 원정에 을불이 직접 군사를 이끌었다는 것이다.

고구려의 임금들이 고려나 조선 등의 경우와는 달리 여러 싸움에서 몸소 군사를 이끌었던 것은 사실이나, 대외원정에 직접 참여하는 경우는 고구려에서도 드물었다. 을불 이전에 대무신, 태조, 고국천, 동천, 중천 임금 등이 직접 군사를 이끌었으나 이 가운데 직접 원정을 이끈 이는 대무신과 태조 임금뿐이다. 다른 임금들은 적군의 침공을 격퇴하기 위해 전쟁에 참여한 경우였다. 따라서 임금이 직접 원정을 이끈 것은 고구려 역사에서도 태조 임금 이후 거의 2백여 년 만에 처음 있는 일이었다.

원정 당시 을불의 나이는 대략 15세 전후였을 것이다. 고구려에서는 갓 성인이 된 정도의 나이라고 볼 수 있다. 따라서 이 현도군 원정이 을불에게는 하나의 성인식 같은 의미가 있었을 것이다. 을불으로서는 이 원정이 스스로 군주의 능력을 갖고 있음을 증명하려는 하나의 중대한 시도였다고 볼 수 있다. 을불의 처지에서는 이제 더 이상 머슴과 소금장수로 떠돌던 누추한 소년이 아니라 고구려의 통치자임을 고구려인들에게 보여줄 필요가 있었던 것이다.

현도군은 역사적으로 고구려와 밀접한 관계를 맺고 있는 군이다. 현도군이 설치된 것은 서기전 107년(원봉元封 4년)의 일로서 설치

지역은 다름 아닌 고구려의 영역이었다. 현도군 내에 고구려현(高句驪縣)이 설치되어 있다는 것은 이를 잘 보여준다.

그러다 보니 고구려는 건국 초부터 현도군과 대립관계를 형성하지 않을 수 없었다. 현도군은 설치 초기부터 고구려를 속박하려 하였고 고구려는 현도군의 이러한 압박에 대항하려 하였기 때문이다. 그러므로 고구려가 다시 대외 확장을 시도하는 시점에서 을불이 현도군을 선택한 것은 순수한 전략적인 면뿐만 아니라 현도군이 가지고 있는 고구려 침략의 전진기지라는 상징성도 함께 고려되었을 가능성이 있다.

을불이 원정할 당시 현도군의 위치는 확실하지 않다. 다른 변군들과 마찬가지로 황하 유역 정권들의 동북 변경에 자리한 군들은 그 성격상 시시각각 위치와 세력이 변하지 않을 수 없었다. 그것은 물론 고구려나 부여의 압박 때문이었다. 현도군의 위치에 대해서는 요하 유역과 요서 지역 등의 견해가 있으므로 당시 고구려의 군사 활동은 요하를 중심으로 이루졌음을 알 수 있다.

내란의 끝

한편 서진은 가후의 전횡에 의해 촉발된 내란으로 계속되는 전투 속에서 급격히 붕괴되어 갔다. 각 왕들은 서로간의 정권쟁탈에 이민족의 무력을 끌어들임으로써 체제 붕괴는 더욱 가속화되었다.

제왕 사마경의 전횡은 사마륜 토벌을 위해 같이 일어섰던 하간왕 사마옹, 성도왕 사마영 등과 갈등을 일으켰다. 하간왕 사마옹과 성도 왕 사마영이 제왕 토벌을 위한 군사를 일으키자 낙양에 있던 장사왕 (長沙王) 사마예가 여기에 호응하여 제왕 사마경을 사로잡아 살해하 였다. 사마경이 사라지자 성도왕 사마영이 집권하였는데, 모든 결정 을 자신 뜻대로 하는 것은 사마경과 다를 바가 없었다. 더구나 성도 왕 사마영은 장사왕이 낙양에 남아 있는 것이 자신의 권력 장악에 방해가 된다고 생각하여 장사왕 사마예의 암살을 시도하였다. 그는 하간왕 사마옹과 함께 장사왕을 제거하기 위해 낙양 공격에 나섰으 나 장사왕이 이를 여러 번 격퇴하였다. 하지만 전황이 장사왕에게 불리하게 돌아가고 있다고 판단한 동해왕(東海王) 사마월(司馬越) 이 장사왕을 체포하여 살해하였다.

장사왕 사마예의 죽음으로 다시 권력을 잡은 성도왕 사마영이 변함없이 전횡을 일삼자, 동해왕 사마월이 성도왕을 토벌하기 위한 군사를 일으켰다. 한때 성도왕 사마영은 동해왕 사마월의 원정군을 격파하고 혜제를 손아귀에 넣었지만 오래지 않아 선비족과 오환족 의 무력을 빌린 사마월의 동생 사마등(司馬騰)과 왕준(王浚)에 의해 패퇴되었고 결국 최후의 패권은 동해왕 사마월에게 돌아갔다.

이로써 서기 291년(원강元康 원년)부터 서기 306년(광희光熙 원년) 까지 무려 16년 동안이나 골육의 참상 속에서 지속되었던 내란이 일단락되었다. 역사에서는 이를 이른바 '8왕의 난'으로 부른다. 이것

으로 권력을 장악하기 위한 제왕들의 내란은 일단 멈추었지만 이
혼란을 틈타 이민족들이 서진의 굴레를 벗어남으로써 전란은 더욱
확대되었다. 북방에서 흉노, 선비, 갈(羯), 저(氐), 강(姜)족 등이
앞다투어 정권을 세우고 경쟁하는 이른바 5호 16국 시대의 개막이
었다.

서진의 몰락과 동진의 성립

이른바 5호 가운데 가장 먼저 일어난 것은 성도왕(成都王)을 칭한
저족 이웅(李雄)이었으나 서진의 몰락을 특히 재촉한 것은 흉노(匈
奴)의 한(漢)이었다. 흉노족의 우두머리 유연(劉淵)은 본래 동한(東
漢) 말 흉노 남선우 어부라(於扶羅)의 손자라고 한다.

유연은 내란의 와중에 성도왕 사마영에게 무력을 제공하는 등
세력을 키워 서기 304년(영흥永興 원년)에 나라 이름을 한이라고
하고 스스로를 한왕(漢王)으로 칭했다가 서기 308년(영가永嘉 2년)
에는 황제라고 선언하고 평양(平陽)에 도읍을 정하였다.

서기 311년(영가 5년), 동해왕 사마월이 병사하자 그의 군사들이
장례를 치르기 위해 동해로 돌아가던 중 한의 유총(劉聰)의 수하에
있던 갈(羯)족 출신의 장수 석륵(石勒)의 공격을 받아 대파당하였
다. 이 사건으로 서진의 무력은 거의 괴멸되었다.

같은 해 6월, 한은 여세를 몰아 서진의 낙양을 함락하였고 회제(懷

100

帝) 사마치(司馬熾)를 포로로 잡았다(영가의 난). 사마치는 끝내 죽임을 당했고 사마치의 뒤를 이은 민제(愍帝) 사마업(司馬鄴) 또한 이름뿐인 조정을 유지하다가 장안을 함락시킨 한나라 군에게 사로잡혀(서기 316년, 건흥建興 4년) 후에 목숨을 잃었다. 이로써 서진 정권은 완전히 무너져 남은 세력은 강남으로 밀려나고 강북은 여러 이민족 세력들의 각축장으로 변했다.

오나라의 도읍이었던 건업(建業)은 낙양이나 장안에 비해 턱없이 작고 대나무 울타리로 성벽을 삼은 초라한 도성이었으나 장강이 가까이에 있어 방어에 유리했다.14) 낭야왕(琅邪王) 사마예(司馬睿)를 중심으로 건업을 서울로 삼은 새 정권(동진(東晉))은 이 천연 해자에 의지하여 '오랑캐'의 침공을 막고자 하였으나 기나긴 혼란과 분열의 시대는 이제 막 시작되었을 뿐이었다.

서안평 함락

을불은 서진의 낙양이 흉노족에게 무너진 직후인 서기 311년(미천 임금 12년) 가을 8월, 장수를 보내 요동군 서안평을 습격하라고 지시하였다. 고구려는 이 서안평 함락에 성공하여 요동군을 압박하였다. 당시 요동군은 서기 309년(영가 3년) 이래로 소희련(素喜連), 목환진(木丸津) 등 선비족의 거듭된 약탈로 혼란한 상황이었다. 을불의 서안평 함락은 이러한 정세를 이용했던 것으로 보인다.

서안평은 서기 242년(동천 임금 16년)에도 고구려의 공격 대상이 된 지역으로서 전략적으로 중요한 요충지였던 것으로 추정된다. 동천 임금 때에는 고구려가 서안평을 습격하여 타격을 가하는 데 그쳤으나 을불은 서안평을 점령하는 데 성공하였다.

서안평의 위치에 대해서는 압록강 하구 지역으로 보는 견해가 있다. 신의주에서 압록강 너머 바로 맞은편에 자리한 오늘날의 만주 단동에서 "안평락미앙(安平樂未央)"이라는 글자가 새겨진 막새기와가 출토되었는데, 이 막새기와에 '안평'이라는 글자가 보이므로 단동 지역을 곧 서안평으로 본 것이다. 단동을 서안평으로 보는 이 견해에 따르면, 오늘날의 평양 지역에는 낙랑군이, 만주에는 요동군이 있었으며, 단동은 이 두 군이 서로 연결되는 지점에 위치하고 있으므로 전략적으로 중요한 곳이었다.

다시 말해서 고구려가 단동 지역을 장악하면 낙랑군은 요동군에서 차단 격리되어 육로로 고립되니 매우 불리한 상황에 처하게 된다는 것이다. 한 마디로 낙랑군은 중국으로 통하는 육로를 잃어버려 '독안에 든 쥐'가 된다는 주장이다.[15] 이는 곧 고구려가 먼저 서안평으로 추정되는 압록강 하구를 장악하여 낙랑군을 외부의 지원으로부터 고립시킨 뒤 타격을 가함으로써 효율적으로 낙랑군을 무너뜨릴 수 있었다는 것이다.

그런데 단동에서 발견되었다는 막새기와가 단동이 곧 서안평이라는 확실한 근거가 될 수는 없다. "안평락미앙(安平樂未央)"이란 당시 흔히 볼 수 있는 평안을 바라는 길상문일 뿐, 고유의 지명을 알려 주는 것이라고는 볼 수 없기 때문이다.16) 설사 여기에서의 '안평(安平)'을 지명으로 볼 수 있다고 해도 이는 어디까지나 '안평'인 것이고 '서안평'일 수는 없다. 만약 단동을 '안평'이라고 한다면 '서안평'은 이보다 더 서쪽 지역에서 찾아야 할 것이다.

또한 을불이 서안평을 차지하기 이전인 동천 임금 시기에 고구려가 삼국 시기 손권의 오나라와 서로 통교하였는데 만약 낙랑군이 평양 지역에 존재하였다면 이미 동천 임금 시기 이전부터 낙랑군이 고립되어 있었음을 보여주는 것이다. 왜냐하면 고구려와 오나라는 바다를 통하여 통교한 것이 확실한데 이는 이미 고구려가 만주에서 북한 지역에 이르는 고구려 영토 내의 해안을 확보하였을 때에만 가능하니, 곧 고구려 영토가 만주 지역과 북한 지역을 서로 갈라놓고 있었음을 보여주는 것이 되기 때문이다.

낙랑군의 위치에 대해서는 다양한 견해가 있지만 낙랑군이 평양 지역에 존재했다고 가정하더라도 을불이 굳이 압록강 하구 지역을 공격하여 낙랑군을 '고립'시킬 필요는 없었다. 이미 평양 지역은 그 이전부터 고구려에 의해 만주로부터 격리되어 있었기 때문이다.17)

낙랑군 정복

낙랑군 정복은 을불의 대표적인 업적이다. 『삼국사기』는 을불이 서기 313년(미천 임금 14년) 한 차례 공격으로 낙랑군을 차치한 것처럼 기록하고 있으나 실제로는 수년에 걸쳐 이루어진 원정의 결과였다. 정확히 언제부터 낙랑군에 대한 공격이 이루어졌는지는 알 수 없지만 서안평 공략 직후(서기 311년)부터 본격적인 군사행동이 시작된 것으로 추측된다.

낙랑군에서 고구려에 대한 항쟁을 주도하고 있던 세력의 중심 인물은 요동의 장통(張統)이라는 자였다. 장통의 영향력은 낙랑군의 이웃에 있는 대방군에까지 미치고 있었다.

장통은 고구려의 공세에 맞서 수년이나 대항하였지만 마침내 장통의 세력도 한계에 다다르고 있었다. 결국 장통은 왕준(王遵)의 제안을 받아들여 이해 4월 천여 가(家)만을 이끌고 낙랑군을 떠나 모용외에게 투항하였다. 이것으로 사실상 낙랑군과 대방군은 빈껍데기만 남은 것이나 다름없었다.

고구려는 같은 해 10월 낙랑군을 공격하여 남녀 2천여 명을 사로잡고 그 다음 해인 서기 314년에는 대방군을 침공함으로써 두 군을 완전히 소멸시키고 그곳을 고구려의 영토로 삼았다.

낙랑군은 서한이 위만조선 지역에 설치한 네 개의 군 가운데 처음 설치되었던 지역에 최후까지 살아남은 유일한 군이었다. 임둔과

진번 두 개의 군은 얼마 지나지 않아 폐지되었고(시원始元 5년, 서기 전 82년) 현도군은 고구려의 압력을 받아 서쪽으로 후퇴하였다.

낙랑군은 기존 지역을 고수하였으나 안팎의 토착세력의 압력과 중앙권력의 부침으로 그 세력은 점차 약화되었다. 갱시(更始) 3년(서기 25)에는 토착인 왕조(王調)의 봉기로 인하여 낙랑군의 정권이 토착인들의 손으로 넘어가기도 하였다. 왕조의 정권은 5년간이나 지속되었으나 동한 광무제(光武帝) 유수(劉秀)의 침공으로 무너지고 말았다(서기 30년).

유수는 토착인들의 항쟁을 진압하고자 왕준(王遵)을 태수로 삼아 낙랑군을 치게 하였다. 동한의 군사가 요동에 이르렀을 때 중국계 낙랑군 사람인 군삼로(郡三老) 왕굉(王閎)의 주도로 여러 관리들이 모의하여 왕조를 죽이고 동한의 군사를 맞아들임으로써 토착인들의 항쟁은 실패하였다.

서기 2세기 말에는 독립적인 지방세력인 공손씨(公孫氏)가 낙랑군을 장악하였다. 공손강(公孫康)은 건안(建安) 시기(서기 196~220년)에 낙랑군을 나누어 대방군을 설치하였는데[18] 이로써 낙랑군의 세력과 범위는 더욱 축소되었다. 이후 낙랑군과 대방군은 고구려와 백제의 공세 속에서 크게 위축되었고 결국 고구려에게 병합되었다.

낙랑군과 대방군은 유배지나 군사적 목적으로 활용되었다. 하후씨(夏侯氏)는 위나라의 유력 가문이었는데 조조는 본래 하후씨였다. 사마씨가 서진을 세운 뒤 사마씨는 하후씨를 제거하면서 그 일족을 낙랑군으로 유배보냈다. 서진 때에는 동안왕 요가 왕후를 모함한 혐의로 대방군으로 귀양을 가기도 하였다.

낙랑군과 대방군은 위나라가 고구려를 침공할 때 유주자사군을 지원하기도 하였지만[19] 실제의 군사적 기능은 크지 않았고 그 밖에 일종의 교역통로의 기능을 한 것으로 보인다.

낙랑군의 위치

낙랑군은 그 위치에 대해 여러 가지 논란이 있는데 크게 평안도설과 만주설로 나눌 수 있으며 평안도 지역에서 만주에 걸쳐 있었다는 주장도 있다.[20] 평안도설의 주된 근거는 평양 및 그 주변 지역에서 발견된 유적과 유물이다.

이곳에서는 일제 침략기 이래 한(漢)나라의 영향을 받은 것으로 보이는 나무덧널무덤과 귀틀무덤, 벽돌무덤 등의 유적과 효문묘동종,[21] 신사비[22]와 같은 여러 한(漢)나라 시대의 유물이 출토되었다. 최근에는 북한의 평양 대동강 락랑구역 유적에서 서한 초원(初元) 4년(서기전 45년)의 낙랑군 호구수를 기록한 나무쪽 문서가 발견되기도 하였다.[23]

하지만 낙랑군이 평양 지역에 있었다는 주장과는 모순되는 기록이 존재한다. 예를 들면 만주 송화강(松花江) 유역에 자리하고 있었

106

던 부여(夫餘)가 낙랑군을 공격했다는 기록이 있다.

『후한서』「동이열전」에는 부여가 동한 영초(永初) 5년(서기 111년)에 보병과 기병 7천~8천 명으로 낙랑군을 공격했다고 전하고 있다.24) 만약 낙랑군이 평양 지역에 존재했다면 송화강 유역의 부여가 고구려를 통과하여 낙랑군을 공격하기는 불가능하였을 것이다.25)

고구려가 태조 임금 94년(서기 146년)에 동한의 요동군(遼東郡)을 공략하여 대방현령(帶方縣令)을 죽이고 낙랑태수(樂浪太守)의 처자를 사로잡았다는 기록이 있는데 이 또한 낙랑군이 평양 지역에 존재했다는 주장과 모순된다. 어떤 이들은 낙랑태수의 가족이나 대방현령이 요동군에서 고구려에게 사로잡힌 것은 단순한 우연이라고 주장하지만 전혀 설득력이 없다. 낙랑태수의 가족과 대방현령이 모두 낙랑군으로 이동하다가 마침 요동군에 들렀을 때 또는 이들이 요동군에 머무르던 시기에 '우연히' 고구려가 요동군을 공격할 확률은 얼마나 될까? 이것은 지나치게 작위적인 주장이다.26)

그리고 당시 고구려의 서울이었던 평양성(平壤城)이 오늘날 평양에 자리하고 있었다는 주장도 있다. 고구려가 서울을 평양성으로 옮긴 것은 동천 임금 21년(서기 247년)의 일이었다. 고구려와 위나라의 전쟁으로 인하여 환도성이 무너져 서울을 옮긴 것이다. 평양성은 을불의 아들인 고국원 임금이 환도성으로 옮길 때까지 고구려의 서울이었다.

후대의 기록이기는 하나 윤두수(尹斗壽)의 평양지(平壤志)에 따르면 평양에 동천 임금의 무덤으로 추정되는 무덤이 있었다고 한다. 평양에 높이가 한 길이 넘는 큰 무덤이 있었는데 도둑이 무덤을 파헤쳐 그 안이 모두 드러났기 때문에 무덤 안에 새겨진 동천 임금의 무덤이라는 글을 볼 수 있었다는 것이다.[27]

이미 앞서 살펴본 것처럼 을불은 서기 302년에 현도군을 공격하여 그 포로를 평양으로 옮긴 적이 있었다. 황해도에서 포로로 끌려온 것으로 보이는 현도태수의 명문이 새겨진 벽돌이 발견되었기 때문에[28] 당시 포로를 옮긴 평양은 오늘날의 평양일 가능성이 있다. 이것은 곧 평양이 고구려가 낙랑군을 정복한 서기 313년 이전에 이미 고구려의 영토였음을 보여주는 것으로, 당시 평양성이 오늘날 평양에 있었다는 의미로 해석할 수 있다.

을불은 소금 장수를 하면서 압록(鴨淥)에 이르렀고 비류하(沸流河) 가에서 조정의 신료들에게 발견되었다. 비류하는 고구려의 첫 도읍인 졸본 지역을 흐르는 비류수가 틀림없을 것이다. 압록은 요하를 가리키기도 하지만[29] 압록강을 이르기도 한다.

을불이 살해의 위협을 받으면서 쫓기는 신세였다는 것을 생각할 때 그가 옮겨다닌 곳은 고구려의 도성에서 멀리 떨어져 있었을 것으로 추정할 수 있다.[30]

평양성의 위치에 대해서는 심양[31]이나 국내성, 강계, 졸본 등 여러 가지 견해가 있지만[32] 을불의 행적으로 본다면 평양이 당시의 평양성이었을 가능성이 있다. 평양에 평양성이 있었다는 견해에는 동의하나 평양에 대동강을 사이에 두고 평양성과 낙랑군이 모두 존재했을 것이라는 주장33)에 대해서는 의문이 있다. 평양성이 평양에 있었다면 낙랑군은 만주에 있었을 가능성이 높다고 생각된다.34)

이 밖에도 만주에 낙랑군이 자리했음을 보여주는 여러 문헌사료가 존재한다. 그럼에도 낙랑군이 만주에 있었다고 단정하기 어려운 것은 대부분의 기록이 미천 임금 을불이 낙랑군을 정복한 서기 313년 이후의 것들이기 때문이다.

앞서 설명한 것처럼 고구려가 낙랑군을 정복한 이후 낙랑군은 만주 모용선비의 영토 내에 다시 설치되었기 때문에 만주에 낙랑군의 흔적이 보이는 것은 당연하다. 문제는 역사서에 기록된 낙랑군의 위치가 과연 초기의 낙랑군을 설명하는 것인지, 모용선비의 영토 내에 다시 설치된 낙랑군을 가리키는 것인지 모호하여 정확한 판단을 내리기 어렵다는 것이다.

낙랑군의 위치를 만주 지역으로 볼 수 있는 서기 313년 이전의 기록이 전혀 없는 것은 아니다. 예를 들면 『한서(漢書)』 「지리지(地理志)」는 상(商)나라의 왕족 기자(箕子)가 상나라의 쇠퇴 후 이주한 곳을 낙랑조선이라고 하였고35) 동한 시기의 인물인 응소(應劭)도 낙랑군 조선현이 기자의 이주지라고 설명하였다.36)

그런데 서기 1973년 만주 요령성 객좌현(喀左縣) 북동촌(北洞村)에서 발견된 저장구덩이에서 기자 관련 유물이 출토되었다. 구덩이

안에서 발견된 네모난 솥[方鼎]의 바닥에서 '기후(箕侯)'라고 읽을
수 있는 글자가 발견되었던 것이다.

북동촌의 유적은 객좌현 지역에 기자 본인은 아니더라도 기자와
관련이 있는 집단이 거주했을 가능성이 있음을 보여주고 있다.37)
그러므로 한때 낙랑군이 객좌현 부근에 자리하고 있었다고 생각할
수 있다.

또한 중국 삼국(三國)시대 위(魏)나라 사람인 장안(張晏)도 낙랑
이 요서(遼西) 지역에 있었음을 보여주는 기록을 남기고 있다. 그는
조선에 습수(濕水), 열수(洌水), 선수(汕水)라는 세 강이 있고 이
강이 합하여 열수(洌水)가 된다고 설명하면서 낙랑조선의 이름은
여기에서 유래하였을 것이라고 추측하였다.

그런데 열수는 오늘날 중국 하북성(河北省) 동북쪽을 흐르는 난
하(灤河)를 가리키는 것으로 생각된다.38) 따라서 이 기록에 따르면
낙랑군이 난하 부근에 있었다고 해석할 수 있다.

하지만 아직 만주에서는 낙랑군의 유적이나 유물이 발견된 바
없다.39) 최근 요서(遼西) 지역에서 임둔군(臨屯郡) 봉니가 발견된
바 있는데 만일 봉니가 나온 곳이 임둔군 설치 지역이 확실하다면
낙랑군 또한 요서 지역에 존재했을 것이다.40) 다만 봉니는 기물이나
문서를 밀봉하기 위해 사용한 작은 진흙 덩어리를 말하는 것이기
때문에 봉니의 성격상 공문서를 보내는 곳과 받는 곳에서 모두 나올
수 있다. 그렇게 보면 임둔 봉니가 발견된 지역이 반드시 옛 임둔군

의 설치 지역이라고는 단정할 수 없을 것이다.

이처럼 낙랑군이 평양 지역에 있었다는 주장에는 여러 가지 의문점이 있음을 확인할 수 있다. 따라서 이 문제에 대해서는 신중한 접근이 필요하겠다. 낙랑군의 위치 문제는 그보다 앞서 존재한 위만조선 및 고조선의 강역과 성격에 대한 이해에도 영향을 미치기 때문이다. 평양이 낙랑군의 중심지라는 것이 확실하게 증명된다고 해도 낙랑군의 성격에 대해서는 아직 풀어야 할 의문이 많다. 무엇보다도 낙랑군을 단순히 한나라의 식민지로 보는 시각은 고쳐져야 할 것이다.

서한이 애초에 위만조선을 무너뜨리고 군현을 설치한 것은 새로 정착하기 위한 영토를 마련하기 위한 것이 아니라 흉노의 우방인 위만조선을 제압하여 흉노를 약화시키기 위한 정치적인 목적이 컸다.

실제로 낙랑군에는 일부 중국의 이주민이 있었으나 그 주민의 대다수는 지역의 토착인들이었다. 낙랑군에 부임한 서한 이래 중국의 고위 행정관료들은 임기를 마치면 모두 고향으로 돌아갔으며 낙랑군에서 사망한 경우에도 중국으로 돌아가 묻혔기 때문에 평양을 중심으로 한 서북한 지역 일부가 중국의 군현이었다 해도 이 지역의 무덤은 대부분 토착인 세력가들의 것일 가능성이 크다.[41]

실제 서북한 지역에 남아 있는 대부분의 유적이나 유물들이 중국에서 유래한 것임에도 토착인들이 남긴 것으로 추측되고 있다. 서북한 지역이 중국의 군현 지배 아래에 있었다고 해도 이 지역의 문화를 일구고 이어나간 주인공은 이들 토착인이었음을 잊지 말아야 할 것이다.

서북한 지역에 낙랑군과 대방군이 자리하고 있었다면 을불은 낙랑과 대방군의 정복을 통해 남진의 기반을 성공적으로 마련하였다고 평가할 수 있을 것이다. 한편 낙랑군이 요서 지역에 있었다고 하는 주장에 따르면,[42] 을불은 낙랑군을 정복함으로써 고구려의 영토를 난하(灤河) 유역까지 확대했다고 할 수 있다.[43]

평안남도 황해도 지역 지배

앞서 설명한 것처럼 이 지역의 군현 설치 시기에 대해서는 논란이 있지만 고구려 대무신 임금 27년(서기 44년) 이후 이 지역에 동한의 군현이 존재했음은 분명하다고 생각된다. 『삼국사기』에 따르면 동한(東漢) 광무제(光武帝)가 살수(薩水) 이남, 곧 평양을 중심으로 한 지역을 군현으로 만들었다는 기록이 있다.[44]

석암리 9호 무덤에서는 매우 화려하고 정교한 금제 띠고리가 발견되었는데 이것은 오늘날 당시의 문화를 대표하는 물건으로 평가받고 있다. 때문에 당시의 일본인 연구자들은 이 무덤을 낙랑태수의 것으로 판단하였다.[45]

하지만 석암리 9호 무덤의 부장품들은 일개 태수가 소유하기에는 지나치게 사치스럽다. 뿐만 아니라 여러 유적에서 발견된 황실용 칠기 역시 태수에게는 어울리지 않는 것들이다.46) 이것은 이 지역에 상당한 세력을 가진 토착세력이 존재했음을 보여주는 것이다. 또한 군현 주위에는 군현 세력과는 별개로 낙랑국,47) 대방국 등 토착인의 나라가 자리하고 있었다. 특히 낙랑국은 옥저 지역과의 연계를 통하여 고구려의 남진을 막고 백제를 군사적으로 압박하는 등 세력 확대를 시도하기도 하였다. 이처럼 이 지역에는 다양한 정치세력이 혼재하고 있었다.

하지만 황해도 안악 지방에 자리한 안악3호 무덤은 고구려의 태왕 무덤으로 추정되는데 대략 4세기 중반 이전에 축조된 것으로 판단되므로 적어도 4세기 전반에 평안남도와 황해도 지역이 고구려의 영토가 되었음은 의심할 바 없다.

이 지역에서 중국의 영향을 받은 것으로 보이는 벽돌무덤이 4세기 중반 이후 더 이상 만들어지지 않으며 벽돌무덤의 재료로 쓰인 기년명전 또한 서기 353년(영화 9년)까지 만들어졌다는 사실도 위의 주장을 뒷받침한다.48)

특히 황해남도 장수산 일대에서 발견된 고구려 유적은 서기 313년 무렵에는 고구려가 이 지역을 장악하고 있었음을 분명히 보여주고 있다.49) 이 지역은 산악 지형이 많은 남북한 지역에는 보기 드문 평야지대로서 농산물의 수확량이 높고 인구밀도도 비교적 조밀한 곳이다. 따라서 고구려는 건국 초기부터 이 지역으로의 진출을 시도해 왔다.

일찍이 대무신 임금은 최리가 통치하고 있던 낙랑국에 대한 원정을 단행하여 한때 평안남도 지역에 대한 통치권을 행사하였으나 동한 광무제 유수에게 패배하여 청천강 이북으로 후퇴한 바 있다. 하지만 그 이후에도 고구려는 지속적으로 남진을 추진하고 있었던 것으로 보이는데 대략 3세기 후반에 이르러서는 고구려의 영향력이 황해도까지 미치고 있었다고 생각된다.

서천 임금 17년(서기 286년), 고구려는 황해도에 자리하고 있었다고 추정되는 대방국을 침공하였고 대방국과 혼인관계에 있던 백제가 대방국을 지원함으로써 대방국을 사이에 두고 고구려와 백제가 충돌하고 있다.

또한 신라 기림이사금(基臨尼師今) 3년(서기 300년) 3월에는 낙랑국과 대방국이 신라에 귀복하였다는 기록이 보이는데 이것은 고구려의 평안남도 및 황해도 지역에 대한 공세가 강화되어 이 지역에 자리하고 있던 토착 세력이 고구려에 의해 밀려난 사실을 반영한 것으로 생각된다. 따라서 이미 을불이 등극하기 이전에 고구려가 황해도 지역에까지 세력을 뻗치고 있었음을 알 수 있다.

을불은 낙랑군 정복 이후 서기 314년에는 대방군을 정복하고 서기 315년에는 다시 현도군을 공략함으로써50) 재위 12년 이후 벌였던 대외전쟁을 일단락 짓게 된다. 약 4년 동안 벌인 전쟁 결과, 을불은 고구려와 맞닿아 있는 모든 적의 군현들을 소멸시키거나 무력화하였다.

이제 다음 목표는 서쪽에서 고구려를 위협하고 있던 모용선비의 세력을 꺾는 것이었다. 고구려가 만주 지역의 패권을 확립하기 위해서는 반드시 모용선비를 깨뜨려야만 했다.

태자 책봉

낙랑군을 정복하고 대방군에 대한 원정을 준비하던 서기 314년(미천 임금 15년) 1월, 을불은 아들 사유(斯由)를 태자에 책봉하였다. 당시는 아직 낙랑군 남부에 대방군이 남아 있었지만 이 지역을 장악하고 있던 장통의 세력이 이미 모용외에게 달아난 상태였기 때문에 대방군 정복은 시간문제였을 따름이다. 대외정책이 일단 성공적으로 마무리되는 시점이었으므로 을불로서는 그동안 미루어 왔던 내부 현안들을 살펴볼 여유를 갖게 되었다.

당시 을불의 나이는 대략 스물일곱 정도였고, 사유는 을불의 나이로 미루어 보건대 열한 살 전후였을 것이다. 대무신 임금이 열한 살의 나이로 태자 자리에 올랐음을 생각할 때 태자가 되기에 당시 사유의 나이가 그리 이른 것도 아니었다. 을불은 정변을 통해 임금의 자리에 올랐기 때문에 하루빨리 후계자를 명확히 하고 싶었을 것이다.

사유는 쇠라고도 하는데 사유와 쇠는 소리가 비슷하므로 같은 이름을 한자로 달리 표현한 것으로, 뜻은 말 그대로 쇠붙이였을 것이다. 사유가 장차 쇠처럼 굳고 빛나는 재목으로 자라 임금의 자리를 굳건히 하기를 바라는 의미였을 터인데 을불 자신이 대외전쟁에 공을 들인 까닭도 거기에 있었을 것이다.

을불의 가족

을불의 가족에 대해 알려진 것은 거의 없다. 아버지인 돌고는 어려서 큰아버지인 임금 상부에게 죽임을 당했고 어머니에 대해서는 기록이 전혀 없다. 어머니 또한 일찍 죽었거나 돌고가 살해되었을 때 같이 죽임을 당했을 가능성이 크다.

왕후인 주(周)씨는 우리가 현재 알고 있는 을불의 유일한 배우자다. 다른 후비들이 더 있었겠지만 기록에는 전혀 남아 있지 않다. 주씨는 사유의 친어머니다. 을불에게는 무(武)라고 하는 또 다른 아들이 있었는데 모용선비와의 전쟁에서 대군을 이끌었던 것을 보면 무 또한 주씨 소생으로서 사유의 친동생이었던 것 같다.

왕후 주씨는 세력 있는 귀족 가문의 출신은 아니었던 것으로 추정된다. 당시 고구려의 왕후는 거의 우(于)씨에서 나왔다. 고국천, 산상(두 임금의 왕후인 우씨는 같은 인물), 서천 임금의 왕후가 모두 우씨였다.

고국천 임금의 우씨 왕후는 제나부(提那部) 출신으로 나와 있는

데 이를 연나(椽那)의 잘못으로 보는 견해도 있다. 제와 연은 글자 모양이 비슷하고 당시 정황으로 보아도 연나부라고 추정할 수 있다. 고국천 임금 12년 좌가려(左可慮) 등이 왕후의 친척으로서 4연나와 모반을 꾸몄고, 당대에 세력을 잡고 있던 명림(明臨)씨가 연나부 출신이었기 때문이다.

명림씨가 큰 권력을 가지게 된 것은 차대 임금 때 조의였던 명림답부가 차대 임금을 시해하고 신대 임금을 세워 국상의 자리에 올랐기 때문이다. 명림씨가 계속해서 큰 세력을 가지고 있었다는 것은 동천 임금 때 국상이 명림어수(明臨於漱)였던 사실로도 잘 알 수 있다.

명림어수가 국상에 임명되었을 때 고국천 임금의 후비였던 우씨가 태후로 있었다는 것도 단순한 우연은 아닌 듯하다. 중천 임금의 왕후는 연(椽)씨였는데 연씨 역시 연나부 출신으로 추정된다.

주씨가 한미한 집안의 출신이었던 것은 아무래도 을불을 추대한 창조리 세력의 뜻이 크게 반영되었을 것이다. 창조리를 비롯한 정변 세력들에게는 강한 세력을 가진 귀족이 외척으로 등장하는 일이 전혀 바람직한 일은 아니었을 것이다. 물론 이것은 그동안 고구려 왕실이 지속적으로 연나부[51] 또는 우씨에 대한 세력 약화를 꾀했기 때문에 가능한 일이었다.

주씨에 대한 기록이 거의 없기 때문에 을불과 주씨가 을불이 아직 임금 자리에 오르기 전에 인연이 있었던 것은 아닐까 하는 추측도

가능하다. 하지만 더 이상 자세한 내용은 알기 어렵다.

결과적으로 을불에게는 그의 통치를 간섭할 만한 외척세력이 존재하지 않았다. 이것은 을불의 뜻이 큰 간섭 없이 국정에 반영될 수 있음을 뜻하는 것이다.

을불과 정변 세력

물론 을불에게도 국정을 운영해 나갈 때 자신을 추대한 정변 세력의 뜻을 고려해야 하는 복잡한 문제가 있었다. 그러나 아쉽게도 우리는 이 문제에 대해서 전혀 알 수 없다. 을불과 을불을 추대한 세력 사이에 어떤 알력이라든가 창조리와의 관계를 추정할 만한 기록은 아무것도 남아 있지 않다. 특히 창조리는 을불을 임금으로 즉위시킨 일등공신이었을 뿐 아니라 신료의 우두머리인 국상 자리에 있었음에도 그 최후에 대한 기록조차 보이지 않는다.

고구려의 국상은 죽을 때까지 관직을 유지하는 종신직이었기 때문에 기록에 보이는 국상은 모두 사망 기록이 남아 있다. 그런데 창조리의 사망 관련 기록이 없다는 것이 정확히 무엇을 의미하는지 지금으로서는 알 수가 없다. 창조리가 중간에 제거되었기 때문인지, 아니면 단순한 기록의 탈락 때문인지 그 어느 쪽도 단언하기 어렵다.

다만 정변 세력에 대한 기록이 을불의 즉위 이후 전혀 보이지 않는데, 아마도 둘 사이에 갈등이 있었다 하더라도 그것은 그리

심각한 것이 아니었음을 의미한다고 생각한다. 설사 을불이 창조리를 제거했다고 해도 이에 대한 기록이 전혀 보이지 않는 것은 그 과정이 큰 무리 없이 진행되었기 때문이라고 보아도 좋을 듯하다.

강대한 외척 세력의 부재와 정변 세력과의 무난한 관계는 대내적인 안정을 가능하게 했고, 이는 을불이 강력하고 지속적인 대외정책을 수행하는 데 하나의 긍정적인 요소로 작용하였을 것이다.

모용선비의 성장

서기 313년(미천 임금 14년) 4월, 고구려의 공세가 치열해지자 이곳에서 세력을 잡고 고구려와 공방을 벌이던 장통은 왕준의 말에 따라 천여 가의 인민만을 이끌고 탈출하여 모용외에게 의탁하였다.

모용외는 장통 등을 받아들여 고구려에 정복되어 사라진 낙랑군을 자신의 영토에 새로 설치하고 장통을 태수(太守)로, 왕준을 참군사(參軍事)로 삼았다.[52] 모용외가 이미 사라진 낙랑군을 굳이 다시 설치하고 장통과 왕준에게 벼슬까지 내린 것은 이들을 고구려와의 전쟁에 이용하려는 의도였음이 틀림없다.

장통과 왕준은 수년 동안 고구려와 싸움을 해 왔고 끝내는 낙랑 지역에서 쫓겨난 처지였으므로 고구려에 대한 원한이 강했을 터고, 모용외는 그것을 이용하려 하였던 것이다. 물론 장통과 왕준이 모용외를 선택한 것 역시 그 힘을 이용해 낙랑군을 되찾기 위해서였다.

이는 장통이나 왕준이 보기에 모용외가 고구려에 대항해 자신들을
지원할 수 있을 만한 세력이었다는 것을 뜻한다. 일찍이 두 차례에
걸쳐 고구려를 침공했던 모용외는 꾸준히 세력을 길러 만주의 주요
세력으로 떠오르고 있었다. 당시의 요동군이 존립 자체를 모용외에
게 의지할 정도였다.

모용외는 부여 침공(서기 285년) 이후 태도를 바꾸어 자신의 가문
은 선공 이래 대를 이어 중국에 봉사해 왔다[53]면서 서진에 사자를
보내 복종의 뜻을 밝혔다. 이에 서진은 모용외에게 선비도독(鮮卑都
督)이라는 칭호를 내렸다.

모용외는 일찍이 우문선비에 대한 공격을 서진이 허락하지 않자
서진의 변경을 공격하기도 하였지만, 그의 주위에는 우문선비나
단선비와 같은 적들이 버티고 있는 것이 현실이었다. 이러한 상황에
서 서진과 대립하는 것은 현실적으로 이득이 없다고 판단한 듯하다.
당시 서진은 8왕의 난 이전으로 사마염이 다스리던 때라 그 세력이
아직 강성하였다.

모용선비의 세력이 강해지는 듯 보이자 역시나 우문선비와 단선
비가 끊임없이 공격을 해 왔다. 이때 모용외는 자신을 낮추고 후한
재물로 달래어 두 세력의 공격을 멈추게 할 수 있었다고 한다. 그런
상황에서 만일 서진까지 적으로 돌렸다면 상황은 더욱 불리했을
것이다.

모용외는 단국 선우 단계(段階)의 딸을 아내로 맞이하였다. 자신

의 세력을 안정시키기 위한 정략혼인이었다. 이 혼인으로 모용외는 황(皝), 인(仁), 소(昭) 세 아들을 얻었다(서기 289년).[54]

모용외는 이후 대극성(大棘城)으로 천도하고 농상(農桑)에 힘쓰는 등 실력을 기르는 데 힘을 기울였다. 또한 법제도 서진의 것을 모범으로 하여 정비하였다(서기 294년). 내부 정비뿐 아니라 대외정책에도 관심을 기울였다. 두 차례에 걸쳐 고구려를 선제공격하여 혹 있을지도 모를 고구려의 서진을 견제하였고, 큰 홍수가 나자 창고를 열어 이재민들에게 식량을 제공하는 등 한족을 비롯한 인민들의 지지를 얻기 위해 노력하였다.[55] 이러한 모용외의 대내외적인 노력은 국력 상승으로 이어졌고 그것은 곧 군사력 강화라는 눈에 보이는 성과로 나타났다.

모용외의 우문선비 격퇴

모용선비는 북으로는 우문선비, 서로는 단선비와 이웃하고 있었고 동쪽으로는 고구려와 대립하고 있었다. 우문선비는 서랍목륜하 부근, 단선비는 하북성 지역에 자리하고 있었다. 당시 단선비는 모용선비와 혼인을 통하여 친선관계를 맺고 있었고 고구려는 내부적인 문제로 인하여 모용선비에게 큰 위협이 되지 않았다. 문제는 우문선비였는데 그 세력이 매우 강대하였다.

서기 302년(태안太安 원년)에 우문선비의 선우 우문막규(宇文莫

圭)가 자신의 아우 우문굴운(宇文屈雲)을 보내어 모용외를 공격하였다. 그러자 모용외는 우문막규의 수하에 있던 별수 소노연(素怒延)을 격파하였다.

소노연은 모용외에게 패배한 것을 매우 부끄럽게 생각하였다. 아마도 소노연은 애초에 모용외가 적수가 아니라고 생각하였던 것 같다. 소노연은 이 패배를 설욕하기 위해 무려 10만에 이르는 대군을 이끌고 와서 극성(棘城)을 포위하였다.

소노연의 공격에 모용외의 무리들은 모두 두려워하고 있었다. 그러나 모용외는 침착하였다. 그는 소노연의 군사가 비록 많으나 법제(法制)가 없으니 모두 최선을 다해 전쟁에 임한다면 이길 수 있다며 격려하였다.

결과는 대승이었다. 모용외의 군사는 소노연의 패잔병들을 100리나 뒤쫓아갔으며 사로잡거나 죽인 자가 1만을 헤아렸다. 모용외가 소노연과의 싸움에서 승리를 거둔 것은 단지 소노연의 군사에게 법제가 없고 모용외의 대응이 침착하였기 때문만은 아닐 것이다. 그동안 모용외가 실시한 농상장려나 법제 정비, 재난구휼 등 여러 정책이 국력을 신장시켰기 때문이다. 뿐만 아니라 모용외의 나라는 정치가 안정되었고 모용외 자신이 출신 민족을 가리지 않고 인재를 중시하였기 때문에 사방에서 사람들이 모여들었다. 모용선비는 이들을 고스란히 흡수하여 막강한 세력으로 성장하였으며 마침내는 우문선비의 10만 대군을 무찌를 수 있는 군사력을 보유하게 된 것이다.

요동의 혼란과 모용선비의 팽창

서기 309년(영가永嘉 3년), 선비족이 만주에서 여러 군현을 공격하고 많은 인민을 살육하는 난리가 일어나는데 이를 모용외가 평정함으로써 모용선비는 더욱 강성해졌다.

처음에 동이교위(東夷校尉) 발해 사람 이진(李臻)은 왕준(王浚)과 함께 서진을 보위하기로 약속하였으나, 왕준은 속으로 야심을 품고 있었기 때문에 두 사람은 서로 뜻을 함께할 수가 없었다. 왕준을 돕고 있던 사람 가운데 요동태수 방본(龐本)이 있었는데, 평소에 이진과 틈이 벌어져 방본이 이진을 습격하여 살해하는 사건이 일어났다.

동이교위 이진이 죽임을 당한 것이 알려지자 요동의 요새 가까이 있던 선비족 소희련(素喜連)과 목환진(木丸津)이 이진의 복수를 한다는 명분으로 여러 군현을 공격하였다. 소희련과 목환진은 군의 병사를 깨뜨리고 여러 인민들을 살해하였으며 해를 이어 노략질을 하였다.

이진의 뒤를 이어 봉석(封釋)이 새로 동이교위가 되자 방본은 다시 봉석까지 죽이려 하였다. 이에 봉석은 아들 봉전(封悛)의 권고에 따라 몰래 군사를 숨겨두고 방본을 초청한 뒤 방본의 목을 베고 그 집안 사람을 모두 살해하였다. 봉석은 소희련과 목환진을 토벌할 능력이 없었고, 이미 이진을 죽인 방본을 자신이 죽였으므로 소희련과 목환진에게 화해를 청하였지만 소희련 등은 화해를 거절하였다. 사실 이진의 복수란 소희련 등에게는 하나의 핑계였을 따름이다.

많은 백성들이 집과 가족을 잃고 난리를 피해 모용외에게 몰려들었다. 모용외는 이들을 물리치지 않고 잘 보살펴 주었다. 물건을 주어 고향으로 돌려보내기도 하고 원하면 그대로 머무를 수 있도록 배려해 주었다. 이는 모용외의 정치적 능력을 잘 보여준다.

난리의 와중에 유민들을 보살피며 정세를 관망하던 모용외는 마침내 311년(영가永嘉 5년) 12월 군사를 일으킨다. 이는 아들 모용한(慕容翰)의 적극적인 권고에 따른 것이었다.

모용한은 비록 서자였으나 맏아들이었다. 서자 출신이었으니 모용외의 뒤를 이어 전연(前燕)의 왕이 될 수는 없었지만, 그는 실제적인 전연의 창건자로 평가받는 인물이다.56) 문무를 모두 겸비한 그를 일반 병졸은 물론이고 사대부조차 즐겨 따랐다고 하며 무예도 매우 뛰어나 전하는 바에 따르면 백보 밖에서 세워놓은 칼자루의 고리를 화살로 맞출 수 있었다고 한다.57)

모용한은 큰일을 도모하는 데 있어 가장 중요한 것은 위로 천자를 받들고 아래로 백성들의 바람을 따르는 것이라고 하면서 소희련과 목환진을 토벌한다면 충의가 빛나고 사사로운 이익이 돌아올 것이니 이것이 패왕(覇王)의 기초라고 주장하였다. 대의명분을 잃지 않으면서 실리를 추구하는 것이 모용외의 통치 방식이었으며 그 목적은 어디까지나 패업을 이루는 것이었다. 모용외는 모용한의 권고를

124

따르지 않을 이유가 없었다. 그는 모용한을 앞세워 소희련과 목환진을 격파하고 이들의 세력을 병합하였다. 고구려의 서안평 함락과 선비족의 노략질에 기진맥진한 요동군은 그 운명을 모용외에게 완전히 의지하게 되었다.

극성 진공

당시 모용선비의 서울은 극성이었다. 극성의 위치에 대해서는 북표(北票),[58] 의현(義縣) 서쪽,[59] 금주(錦州) 부근[60] 등 여러 가지 견해가 있는데 대체로 오늘날 대릉하 유역에 자리하고 있었다고 추정된다. 요동반도에서 서쪽으로 건너면 의무려산이 있고 그 너머에 대릉하가 있다. 을불은 서기 319년(미천 임금 20년)에 이 극성으로 출병을 단행하였다. 이때 고구려는 의무려산 너머 대릉하 유역까지 군사 원정을 한 것이다.[61]

을불에게는 모용선비를 멸망시켜야 할 충분한 이유가 있었다. 명분상으로도 모용선비는 두 차례나 고구려를 침공하였고 두 번째 침공 때에는 서천 임금의 무덤을 파헤치기까지 하였으므로 당연히 응징의 대상이었다. 뿐만 아니라 현실적으로 모용선비는 을불의 대외확장 정책에 큰 걸림돌이 되고 있었다. 모용선비는 고구려의 공격 대상인 군현들을 지원하고 있을 뿐 아니라 낙랑군의 잔당인 장통의 세력을 앞세워 고구려에 대해 노골적인 적대정책을 취하고 있었다.

때문에 을불은 동이교위 최비(崔毖)가 우문선비 및 단선비와 함께 모용선비를 분할하기 위한 원정을 제의해 왔을 때 거절하지 않았다. 두 선비 세력과 함께 힘을 합쳐 모용선비를 무너뜨리고 그 영토의 삼분의 일을 취할 수 있다면 최소한의 부담으로 영토도 확장하고 더불어 모용선비도 제거할 수 있는 좋은 기회였다.

최비는 왕준의 인척이었다. 왕준은 8왕의 내란 속에서 여러 이민족들과 혼인관계를 맺어 저들의 원조를 받고 내란의 최후 승자인 사마월의 선봉으로 공을 세워 서진 북방에서 큰 세력을 이룬 인물이었다.

최비는 서기 311년(영가永嘉 5년)에 왕준의 지원으로 평주자사동이교위(平州刺史東夷校尉)가 되었다. 평주는 본래 유주(幽州)의 일부였는데 위나라가 요동(遼東), 창려(昌黎), 현도(玄菟), 대방(帶方), 낙랑(樂浪)을 나누어 설치한 것을 뒤에 도로 유주에 합쳤다가 서기 276년(함녕咸寧 2년) 10월 5군으로 다시 설치한 것이었다.62) 평주자사는 평주를 다스리는 장관이고 동이교위는 동이 여러 세력과의 대외교섭을 담당하는 직책이다. 따라서 평주자사동이교위는 최비가 5군을 관할하는 지위에 있음을 뜻한다.

하지만 낙랑·대방은 이미 고구려가 정복하여 소멸하였고63) 그 잔당이 세운 낙랑군은 모용외가 자신의 영토 안에 설치한 것이었으며 요동군 또한 고구려에게 그 대부분의 영토를 빼앗기고 일부 잔존

세력만이 모용외에게 의지하고 있는 형편이었다. 특히 모용외는 계속해서 유민을 받아들여 세력을 확대해 가고 있었고 후원자인 왕준도 석륵에게 목숨을 잃었기 때문에 최비는 어떻게든 더 늦기 전에 모용외를 제어해야만 했다.

　그러나 최비가 여러 번 모용외를 불렀음에도 모용외는 전혀 응하지 않았다. 이것은 명백히 모용외가 독자적으로 움직이겠다는 선언이었으므로 최비는 모용외를 제거하기로 결심하였다. 비록 제안은 최비가 먼저 하였지만 애초에 이 원정은 모용선비의 세력 확대를 더 이상 두고만 볼 수 없다는 고구려와 우문선비, 단선비 그리고 최비의 공감대를 바탕으로 이루어진 것이었다. 최비는 군사와 유민들을 계속 자신의 세력 안으로 끌어들이는 모용외가 불만이었고, 고구려 등은 모용선비의 강성에 위협을 느꼈던 것이다.

극성 포위

　고구려는 서기 319년(미천 임금 20년) 12월, 두 선비와 함께 극성을 포위하였다. 당시 고구려 원정군의 규모에 대해서는 전혀 알려져 있지 않지만 적어도 수만 이상은 되었을 것이다.

　현도군을 공파(서기 315년)한 이후에도 고구려는 계속해서 여러 전쟁을 수행했을 것이지만 기록이 없는 것으로 보아 큰 전쟁은 없었던 것으로 짐작된다. 따라서 고구려로서는 원정을 수행할 충분한 여력이 있었을 것이므로 원정군의 규모 또한 적지 않았을 것이다. 우문선비의 경우 그 군사가 수십만에 군영이 40리나 뻗어 있었다고 하므로 고구려의 군세도 결코 작은 규모는 아니었을 것이다. 고구려의 군사가 적을 경우 전쟁 종결 후 뒤처리 과정에서 문제가 발생할 수도 있다.

을불의 재위 기간 중 있었던 전쟁 가운데 유일하게 그 군세를 알 수 있는 것은 재위 초에 있었던 현도군과의 싸움으로, 이때 을불이 이끈 군사의 수는 3만이었다. 그런데 당시는 을불이 임금이 된 지 얼마 지나지 않은 때였고 그 이후 거의 이십여 년의 세월이 흘렀으므로 고구려의 군세가 더욱 강해졌다고 보면, 원정군의 규모는 최소한 3만은 넘었을 것이다.

따라서 단선비의 군사까지 합친 연합군의 규모는 상당하였을 것이다. 군세만 본다면 고구려를 포함한 원정군에게는 충분한 승산이 있었다. 그러나 이 대규모의 적을 앞에 둔 모용외는 오히려 차분해 보였다. 물론 모용외라고 대군이 두렵지 않을 리 없었다. 모용외는 우문선비의 군사만으로도 긴장하고 있었다.[64] 사실 그도 세 나라 연합군의 군세가 매우 강하고 날카롭다는 것을 인정하였다.[65]

기록이 남아 있지는 않으나 전쟁 초반에 연합군이 모용외 군을 패퇴시켰기 때문에 짧은 시간 내에 모용선비의 서울인 극성까지 진공할 수 있었을 것이다.[66] 다만 모용외는 연합군 사이에 서로 믿음이 없다는 것을 간파하고 있었다. 모용외는 세 나라가 서로

의심을 하고 있으며 심지어 세 나라는 처음 이 원정을 제안한 최비조차 믿지 못하고 있다고 판단하였다. 따라서 모용외는 이들 사이에 이간책을 사용한다면 간단히 세 나라의 연합을 깨뜨릴 수 있다고 생각하였다.

모용외는 성의 문을 닫고 싸우지 않으면서 우문선비의 군영으로 사자를 보내 소와 술을 대접하게 하였다. 우문선비도 갑작스런 모용외의 호의가 의심스러웠을 것이다. 모용외는 사자에게 최비의 사신이 어제 다녀갔다고 말하도록 하고 그 답례라는 식으로 꾸며 말하도록 하였다.67)

그러나 이 소식이 고구려와 단선비의 군영에 전해졌을 때 두 나라는 우문선비가 모용외와 한 통속이 아닐까 의심하게 되었다. 결국 두 나라는 모용외의 예상대로 원정을 포기하고 철군하였다.

을불이 끝내 철군을 결심한 까닭은 위험부담이 너무 크다고 생각되었기 때문일 것이다. 모용선비를 멸망시킬 수 있는 좋은 기회이기는 하지만 만에 하나 우문선비가 모용외가 내통하고 있다면 이는 보통 문제가 아니었다. 우문선비의 군사만 해도 수십만에 이르는데 만일 우문선비뿐 아니라 모용외의 협공까지 받게 된다면 원정군 전체가 위험에 빠질 수 있었던 것이다.

애초에 세 나라와 최비 사이에는 믿음이 없었고 이해관계도 제각각이었으므로 세 나라의 동맹은 쉽게 무너질 수 있었다. 그렇다고는 해도 을불은 좀처럼 얻기 어려운 드문 기회를 놓친 것이었다. 하지만 을불이 모용선비를 정복하려는 희망을 포기한 것은 아니었다.

우문선비의 패배와 최비의 고구려 망명

한편 홀로 남은 우문선비군은 단독으로라도 극성을 공격하려 하였다. 대인 우문실독관(宇文悉獨官)이 수십만 대군을 이끌고 진격해 오자 모용외도 다급했던지 도하(徒河)에 있던 큰아들 모용한을 부르고 배억(裵嶷)과 한수(韓壽) 등 여러 신하들에게 대책을 물었다.68)

모용한은 모용외의 명령대로 자신이 군사를 이끌고 극성으로 가기보다는 성 밖에서 기습을 하여 안팎으로 협공하는 계책을 제안하였고, 배억과 한수 등도 우문실독관의 군사가 비록 수는 많으나 체계가 없고 허술하다는 점을 들어 정병에 의한 기습을 권하였으므로 모용외는 모용한의 계책을 받아들였다.

우문실독관도 모용한의 지략과 무용을 진작부터 알고 있었으므로 수천의 기병을 파견하여 모용한을 공격하도록 하였다. 그러나 모용한은 이것을 미리 알고 매복으로 우문선비의 기병을 격파한 뒤 지름길로 진격하면서 모용외에게 사람을 보내 공격하도록 하였다.

모용외는 모용황과 장사(長史) 배억에게 정예 군사를 이끌게 하여 선봉을 세운 뒤 자신은 대군을 이끌고 그 뒤를 따랐다. 우문실독관은 자신이 보낸 군사만 믿고 방심하고 있다가 모용한이 기습하여 여기저기 불을 지르니 크게 놀라 우왕좌왕하다가 모용외의 군사를 당해내지 못하고 크게 패하여 겨우 몸만 피하여 달아났다.

모용외는 우문선비의 군영에서 옥새 세 개를 얻었으며 이것을 동진의 건강(建康)으로 보냈다. 자신의 승리를 널리 알리고 동진으로부터 인정을 받기 위해서였다.

모용외가 우문선비에게 대승을 거두자 가장 당황한 것은 최비였다. 최비는 재빨리 조카 최도(崔燾)를 모용외에게 보내 거짓으로 승리를 축하하게 하였다. 고구려 역시 다른 두 나라와 더불어 모용외에게 사신을 보내 모든 것을 최비의 탓으로 돌리고 화친을 제의하였다. 정인보는 이때 고구려가 사신을 보냈다는 이야기는 믿을 수 없다고 하였다.[69] 고구려가 화친을 구하는 사신을 보냈다고 해도 이는 당연히 을불의 진심이 아니었으며 단지 시간벌기였을 뿐이다.

을불의 본뜻은 곧 드러났다. 생명의 위협을 느끼고 도망온 최비를 을불이 받아주었기 때문이다. 만약 을불이 모용외의 보복을 두려워하였다면 최리를 받아주기는커녕 사로잡아 모용외에게 돌려보냈을 것이다.

공방전

최비의 망명으로 고구려의 화친 제의는 거짓이라는 것이 명백해졌다. 모용외는 이에 대한 보복으로 장통을 파견하였다. 고구려에 의해 낙랑군에서 쫓겨난 바로 그 장통이었다. 장통은 고구려의 하성(河城)을 공격하여[70] 장수 여노자(如奴子)를 사로잡고 1천여 호를 포로로 잡아 돌아갔다.

당연히 고구려도 반격에 나섰다. 고구려가 모용선비를 여러 차례 공격하자 모용한과 모용인이 출동하여 이를 막았다. 이때 고구려가 불리하여 을불이 맹약을 청하였다고 하는데 이 역시 과장된 것이거나 기만책으로 보인다. 왜냐하면 고구려는 그 다음 해인 서기 320년(미천 임금 21년)에도 여전히 모용선비를 공격하고 있기 때문이다.[71]

그런데 320년 이후 고구려와 모용선비의 군사적 충돌에 대해서는 별다른 기록이 보이지 않는다. 『자치통감』에 따르면 이 때 모용인이 고구려군을 대파했기 때문에 고구려가 이후 감히 모용선비를 공격하지 못했다고 한다.[72]

그러나 이후에도 두 나라 사이의 공방전이 계속되었다고 볼 수 있는 기록이 있다. 『양서(梁書)』에는 모용외가 동진으로부터 평주자사를 제수받은 이후 고구려의 을불이 계속해서 모용선비를 공격하였으나 모용외가 이를 제어할 수 없었다고 기록되어 있다.[73]

모용외가 동진으로부터 평주자사를 제수받은 것은 321년(태흥太興 4년)의 일이므로 모용인과의 싸움이 있은 서기 320년 이후에도 고구려의 모용선비 공략은 계속되었다고 볼 수 있다.[74]

미완의 위업

극성 진공 이후 십여 년이 흘렀다. 서로 간에 공방이 계속되었지만 고구려는 모용선비를 끝내 꺾을 수 없었다. 모용외가 우문실독관의 수십만 대군을 격파한 뒤 모용선비의 세력은 더욱 견고해졌다.

극성 포위 이후 다시는 그와 같은 기회가 주어지지 않았으나 을불은 포기하지 않았다. 을불은 우문선비, 단선비와 동맹을 맺고 극성을 포위했던 때와 같이 다시 한 번 새로운 동맹자를 찾아 모용선비에 대한 협공을 시도하고자 하였다. 이 무렵 후조(後趙)의 석륵이 을불의 눈에 들어온 것은 당연한 일이었다.

후조와의 동맹 시도

당시 석륵 세력은 매우 강성하였을 뿐 아니라 모용외와의 관계도 좋지 않았다. 석륵은 갈족(羯族)이다. 갈족은 흉노족의 일부[75]로 흉노를 따라 남하하였으며 상당군(上黨郡)의 갈실(羯室) 지금의 산서성 에 흩어져 살고 있었기 때문에 갈호(羯胡)라고 불렸다고 한다.[76]

석륵은 이 갈실 출신으로, 한때 노예로 팔리기도 했지만 흉노족 유연 아래에서 힘을 길러 일찍이 서진의 주력을 괴멸시켰다. 이후 왕준(王浚)과 유곤(劉琨) 등 화북에 남아 있던 서진의 잔여 세력까지 격파한 석륵은 후조를 세우고 전조(前趙)를 무너뜨려 이 무렵에는 거의 화북의 전 영역을 차지하고 있었다.[77]

석륵은 서기 323년(태령太寧 원년)에 우호관계를 맺자는 사신을
모용외에게 보낸 적이 있는데 모용외는 이 사신을 붙잡아 동진의
건강으로 보내버렸다. 석륵은 이에 대한 보복으로 서기 325년(태령
3년)에 우문걸득귀(宇文乞得歸)를 시켜 모용외를 치게 하기도 하였
다.

이러한 석륵이 을불에게는 이상적인 동맹자로 여겨졌을 것이다.
을불은 서기 330년(미천 임금 31년)에 후조의 석륵에게 우호의 표시
로서 호시(楛矢)를 보냈다. 물론 동맹의 가능성을 가늠하기 위한
것이었다.

을불의 석륵과의 동맹 계획은 실현 가능성이 높았다. 만약 실현만
되었다면 상당한 성과가 있었을지도 모른다. 그러나 이것은 누구도
막을 수 없는 천명에 의해 좌절되었다. 다음 해 서기 331년 2월
을불이 사망하였다. 이때 을불의 나이 44세 전후였을 것으로 추정된
다.

을불의 죽음

얼마 지나지 않아 모용외도 석륵도 모두 사망하였다(함화咸和 8년,
서기 333년). 모용외는 우문선비와 단선비, 그리고 고구려의 견제를
물리치고 모용선비를 반석 위에 올려놓았지만 끝내 내심 바라마지
않던 왕의 칭호는 얻지 못한 채 65세의 나이로 죽었다. 석륵은 사망

당시 60세였다.

을불의 수명은 그의 경쟁자였던 모용외나 석륵보다 턱없이 모자랄 뿐만 아니라 고구려 임금들의 평균에도 미치지 못했던 듯하다.[78] 을불의 사망 원인에 대해서는 전혀 알려져 있지 않다. 비교적 젊은 나이에 숨을 거두었기 때문에 본래 고질병이 있었던 것인지도 모르겠다. 어디까지나 추측이지만, 어린 시절을 도망자의 신세로 떠돌았던 것이 건강에 악영향을 주었던 것이 아닐까 한다.

을불의 죽음이 아쉬운 것은 당시가 고구려에게 역사적으로 매우 중요한 고비였기 때문이다. 모용외는 사라졌지만 모용외를 계승한 모용황과 모용한 등은 모두 뛰어난 인재들이었다. 모용선비와의 싸움은 이제 막 시작되었을 뿐이었다. 을불이 좀더 자리를 지켰더라면 고구려의 역사는 바뀌었을 것이다.

태자 사유는 현명한 군주였으나 을불에게는 미치지 못하였고[79] 전술적 실수로 인해 모용황 등이 이끄는 군사에게 끝내 도성을 함락당하고 만다. 이 사건이 고구려에게 결정적 타격을 준 것은 아니었으나 이후 고구려 역사에 상당히 부정적인 영향을 미친 것은 사실이다.

고구려는 결국 이 위기를 이겨내었지만 이를 위해 많은 시간이 필요하였다. 을불 또한 이 사건으로 인해 예상하지 못했던 운명에 처하게 되었다. 을불과 모용선비와의 악연은 을불의 죽음 이후에도 끈질기게 계속된 것이다.

을불은 미천원(美川原)이라는 곳에 묻혔다. 을불의 무덤은 당시 고구려 임금들의 일반적인 무덤 형식인 돌무지무덤이었을 것으로 추측되며 사망하고 3년 후에 매장하는 고구려의 풍습에 따라 을불은 333년(고국원 임금 3년)에 미천원에 묻혔을 것이다. 그리고 장지의 이름을 임금의 호칭으로 삼는 고구려의 전통에 따라 이후 미천 임금으로 알려지게 되었다.

1) 『資治通鑑』卷第82 「晉紀」4 世祖武皇帝下 太康 10年 11月.

2) 가와카쓰 요시오 지음, 임대희 옮김, 『중국의 역사—위진남북조』, 서울: 혜안, 2004, 164쪽.

3) 『資治通鑑』卷第82 「晉紀」4 孝惠皇帝上之上 元康 元年 正月.

4) 『資治通鑑』卷第77 「魏紀」9 元皇帝上 景元 元年 5月.

5) 傅樂成 著, 辛勝夏 譯, 『增訂新版 中國通史 上』, 서울: 宇鍾社, 1981, 288쪽.

6) 김복래, 『프랑스 왕과 왕비, 왕의 총비들의 불꽃같은 생애』, 서울: 북코리아, 2006, 235쪽.

7) 『資治通鑑』卷第83 「晉紀」5 孝惠皇帝上之下 元康 9年 8月.

8) 『資治通鑑』卷第82 「晉紀」4 世祖武皇帝下 太康 10年 11月.

9) 傅樂成 著, 辛勝夏 譯, 『增訂新版 中國通史(上)』, 서울: 宇鍾社, 1981, 290쪽.

10) 『世說新語』「言語」第2.

11) 『資治通鑑』卷第82 「晉紀」4 孝惠皇帝上之上 元康 元年.

12) 『資治通鑑』卷第83 「晉紀」5 孝惠皇帝上之下 元康 9年 11月.

13) 『資治通鑑』卷第83 「晉紀」5 孝惠皇帝上之下 永康 元年 3月 癸未.

14) 金龍燦, 「六朝 建康의 郭 不在 현상—都城 구조의 이상과 현실」, 『서울大 東洋史學科 論集』 31, 2007.

15) 李萬烈, 『講座 三國時代史』, 서울: 知識産業社, 1976, 128쪽.

16) 李秉斗, 「中國古代 郡縣 位置考—遼東·樂浪·玄菟郡에 대하여—」, 단국대 학교 대학원 사학과 석사학위논문, 1988, 22쪽.

17) 박노석, 「서기 3세기 초의 고구려와 魏의 외교 관계」, 『全北史學』 24, 2004, 12~13쪽.

18) 『三國志』卷30 「烏丸鮮卑東夷傳」30 韓, "建安中 公孫康分屯有縣以南荒地 爲帶方郡."

19) 박노석, 「後漢, 魏, 晉 시기 낙랑의 역할」, 『전주사학』 8, 2001, 3장 참조.

20) 大原利武, 「朝鮮の古代史に就て」, 『文教の朝鮮』 91, 1933, 24쪽.

21) 윤내현, 『고조선연구』, 서울: 一志社, 1994, 392쪽. 저자는 이 책에서 효문묘
동종(서한 문제(文帝)의 사당에서 쓰이던 용기)이 9호분에서 출토된 것이라
고 하였는데 이는 잘못이다. 효문묘동종은 당시 발견자의 증언에 따르면
선교리(船橋里)의 철도 공사현장에서 우연히 발견된 수집품으로서 동종이
나온 유적은 무덤이었다고 한다.
동종이 발견된 유적에서는 여러 거울의 파편들이 발견되었다. 당시의 일본인
연구자들은 이 거울 파편 가운데 일부를 서한 말에 만들어진 것으로 추정하였
고 서기 1세기 중엽에 만들어진 것으로 보는 견해도 있다(關野貞 等, 『古蹟調
査特別報告 第四冊 樂浪郡時代の遺蹟』, 朝鮮總督府, 1927, 215~220쪽 ;
리순진, 『평양일대 락랑무덤에 대한 연구』, 서울: 중심, 2001, 217쪽).

22) 국립중앙박물관 편, 『낙랑』(축약 보급판), 서울: 솔, 2001, 34쪽. 이 비의
건립 연대는 원화(元和) 2년으로 추정되는데 원화 2년은 서기 85년으로서
책에서 84년이라고 한 것은 잘못이다.

23) 尹龍九, 「새로 발견된 樂浪木簡－樂浪郡 初元四年 縣別戶口」(한국고대사학
회 제95회 정기발표회 발표문), 2007. 4. 14.

24) 『後漢書』 卷85 「東夷列傳」75 夫餘國, "至安帝永初五年 夫餘王始將步騎七
八千人 寇鈔樂浪."

25) 大原利武, 「朝鮮の古代史に就て」, 『文敎の朝鮮』 91, 1933, 24~25쪽.

26) 기수연, 『『후한서』「동이열전」 연구－『삼국지』「동이전」과의 비교를 중심으
로－』, 서울: 백산자료원, 2005, 99쪽.

27) 『東史綱目』 第2上 高句麗 東川王 22年 秋9月.

28) 李秉斗, 「中國古代 郡縣 位置考－遼東·樂浪·玄菟郡에 대하여－」, 단국대
학교 대학원 석사학위논문, 1988, 62~63쪽.

29) 『三國遺事』 卷第3 「興法」3 順道肇麗, "遼水一名鴨淥 今云安民江."

30) 張傚晶, 「3世紀 高句麗王의 平壤移居와 王權强化」, 동국대학교 대학원 사학
과 석사학위논문, 2000, 57~58쪽.

31) 윤내현, 『윤내현 교수의 한국고대사』, 서울: 三光出版社, 1991, 127쪽.

32) 張傚晶, 「3世紀 高句麗王의 平壤移居와 王權强化」, 동국대학교 대학원 사학
과 석사학위논문, 2000, 18~21쪽.

33) 張傚晶, 「3世紀 高句麗王의 平壤移居와 王權强化」, 동국대학교 대학원 사학
과 석사학위논문, 2000, 52쪽.

34) 申采浩, 『조선 상고사(I)』〉, 서울: 일신서적출판사, 1990, 200쪽.

35) 『漢書』 卷28下 「地理志」8下, "殷道衰 箕子去之朝鮮 教其民禮義 田蠶織作 樂浪朝鮮民犯禁八條."

36) 『漢書』 卷28下 「地理志」8下 樂浪郡 朝鮮縣 注, "應劭曰 武王封箕子於朝鮮."

37) 李亨求, 「渤海沿岸 大凌河流域 箕子朝鮮의 遺蹟·遺物」, 『古朝鮮과 夫餘의 諸問題』, 서울: 신서원, 1996, 60~62쪽.

38) 李秉斗, 「中國古代 郡縣 位置考-遼東·樂浪·玄菟郡에 대하여-」, 단국대학교 대학원 석사학위논문, 1988, 71~72쪽.

39) 高久健二, 「樂浪古墳文化 硏究」, 동아대학교 대학원 사학과 박사학위논문, 1994, 21쪽.

40) 복기대, 「臨屯太守章 封泥를 통해 본 漢四郡의 위치」, 『白山學報』 61, 2001, 47~65쪽.

41) 吳永贊, 「기원 전후 樂浪郡 支配勢力에 관한 일연구」, 『國史館論叢』 104, 2004, 89쪽.

42) 김종서·윤내현 등은 요서 지역, 신채호 등은 요동반도, 그리고 손영종·정인보 등은 요동반도에서 요서 지역 등에 걸쳐 있었다고 주장한다. 윤내현, 『고조선연구』, 서울: 一志社, 1994 ; 김종서, 『한반도를 식민지배해 온 것으로 왜곡되어 온 한사군의 실제 위치 연구』, 서울: 한국학연구원, 2005 ; 申采浩, 『조선 상고사(I)』, 서울: 일신서적출판사, 1990, 135쪽 ; 손영종, 『고구려사의 제문제』, 서울: 신서원, 2000, 316쪽 ; 鄭寅普, 『朝鮮史硏究(下卷)』, 서울: 서울신문社, 1947의 권말 지도를 볼 것.

43) 尹乃鉉, 「韓國 上古史 體系의 復元」, 『東洋學』 17, 1987, 228쪽.

44) 1세기 후반 이후의 귀틀무덤에서는 기존에 일반적으로 부장되던 장검이나 대도와 같은 무기의 부장이 급격히 줄어들었을 뿐만 아니라 그 이전과는 달리 거마구의 부장이 이루어지지 않는다고 한다. 이러한 현상을 위에서 살펴본 광무제가 왕조의 토착정권을 무너뜨린 것과 관련하여 설명하기도 하지만 광무제가 낙랑 지역에 군현을 설치함으로써 일어난 변화로 해석할 수 있다. 오영찬, 『낙랑군 연구-고조선계와 한(漢)계의 종족 융합을 통한 낙랑인의 형성-』, 서울: 사계절, 2006, 166~169쪽 ; 吳永贊, 「樂浪 馬具考」, 『古代硏究』 8, 2001, 23쪽.

45) 關野貞 等, 『古蹟調査特別報告 第四冊 樂浪郡時代의 遺蹟』, 朝鮮總督府, 1927, 69쪽.

46) 孫秉憲, 「樂浪 古墳의 被葬者」, 『韓國考古學報』 17·18, 1985, 10쪽.

47) 『與猶堂全書』第6集 「疆域考」1 樂浪別考 ; 申采浩, 『조선 상고사(Ⅰ)』, 서울: 일신서적출판사, 1990, 96~97쪽 ; 박노석, 「고구려 초기의 영토 변천 연구」, 전남대학교 대학원 박사학위논문, 2003, 92~103쪽 ; 윤내현, 『한국열국사연구』, 서울: 지식산업사, 1998, 112~145쪽. 정약용은 낙랑을 낙랑군에서 분리된 토착세력의 나라로서 춘천 지역을 중심으로 세워진 것으로 본 반면, 신채호와 윤내현 등은 낙랑을 낙랑군과는 전혀 별개의 기원을 가진 나라라고 주장하였다.

48) 이인철, 『고구려의 대외정복 연구』, 서울: 백산자료원, 2000, 48~58쪽.

49) 안병찬, 「장수산일대의 고구려 유적과 유물」, 『조선고대 및 중세초기사 연구』, 서울: 백산자료원, 1999, 164~165쪽. 고구려의 장수산 일대의 장악 시기를 4세기 초로 보고 있다.

50) 申采浩, 『조선 상고사(Ⅰ)』, 서울: 일신서적출판사, 1990, 199쪽.

51) 鄭世瑛, 「高句麗 美川王代의 平壤攻略과 그 意味」, 국민대학교 대학원 국사학과 한국사전공 석사학위논문, 2006, 15쪽.

52) 『資治通鑑』 卷第88 「晉紀」10 孝懷皇帝下 建興 元年.

53) 『晉書』 卷108 「載記」8 慕容廆, "吾先公以來 世奉中國."

54) 『資治通鑑』 卷第82 「晉紀」4 世祖武皇帝下 太康 10年 夏4月.

55) 『晉書』 卷108 「載記」8 慕容廆.

56) 孫泓, 「慕容燕的實際締造者-慕容翰」, 『東北亞歷史與文化 達祝孫進己先生六十誕辰之集』, 沈陽: 遼沈書社, 1991.

57) 『晉書』 卷109 「載記」9 慕容皝에 실린 慕容翰.

58) 辛勇旻, 『漢代 木槨墓 研究』(學研文化社考古學叢書 27), 서울: 學研文化社, 2000, 215쪽.

59) 池培善, 「高句麗와 鮮卑의 전쟁-慕容廆와 慕容皝을 중심으로-」, 『高句麗研究』 24, 2006, 74쪽.

60) 郭沫若 主編, 『中國史稿地圖集(上册)』, 北京: 中國地圖出版社, 1996, 52쪽.

61) 남경태, 『종횡무진 한국사(상)』(남경태의 역사 오디세이 3부작), 서울: 그린비, 2009, 140쪽. 이 책에서 저자는 고구려 역사상 군대가 요하(遼河)를 건넌 것은 광개토호태왕 때가 유일하다고 하였는데 이것은 잘못이다.

미천 임금 이전에도 모본 임금의 태원(太原) 원정이나 태조 임금 시기의
요서 축성 등 고구려가 요하 너머로 군사적 진출을 한 적이 있음을 알 수
있다. 「한기묘지(韓曁墓志)」에 따르면 효창(孝昌) 연간(서기 525~527년)에
도 고구려가 북위의 창려용성(昌黎龍城) 현재의 조양(朝陽)?을 원정했음을 알 수
있고(高靑山 等, 『東北古文化』(東北文化叢書), 沈陽: 春風文藝出版社,
1992, 211~212쪽) 그 밖에도 영양 임금이 요서 지역을 공격하는 등 관련
기록을 찾아볼 수 있다.

62) 『晉書』卷14 「志」4 地理上 平州.

63) 사마광 지음, 권중달 옮김, 『자치통감資治通鑑(10) 진(晉)시대 (Ⅱ)』, 서울:
도서출판 삼화, 2007, 143쪽. 저자는 당시의 평주를 요령성과 한반도 북부라
고 설명하고 있지만 낙랑군과 대방군의 위치를 만주가 아니라 평안 및 황해도
지역으로 본다고 해도 이때는 이미 두 군이 고구려에 의하여 소멸된 이후이므
로 당시 평주는 요령성 일부를 차지하고 있었다고 해야 할 것이다.

64) 池培善, 「裵嶷」, 『東아시아의 人間像』(黃元九敎授定年紀念論叢), 서울: 도
서출판 혜안, 1995, 652쪽.

65) 『晉書』卷108 「載記」8 慕容廆, "然彼軍初合 其鋒甚銳."

66) 鄭寅普, 『朝鮮史硏究(下卷)』, 서울: 서울신문社, 1947, 192쪽.

67) 『晉書』卷108 「載記」8 慕容廆, "遣使送牛酒以犒宇文 大言於衆曰 崔毖昨有
使至."

68) 『資治通鑑』卷第91 「晉紀」13 中宗元皇帝中 太興 2年 12月 ; 『晉書』卷108
「載記」8 慕容廆傳에 실린 裵嶷傳, "及悉獨官寇逼城下 內外騷動 廆問策於
嶷."

69) 鄭寅普, 『朝鮮史硏究(下卷)』, 서울: 서울신문社, 1947, 194쪽.

70) 『三國史記』卷第17 「高句麗本紀」5 美川王 20年, "據于河城"(李丙燾 역주,
『三國史記(上)』, 서울: 乙酉文化社, 1990, 312쪽). 이를 우하성으로 보기도
한다(鄭寅普, 『朝鮮史硏究(下卷)』, 서울: 서울신문社, 1947, 194쪽).

71) 金俊秀, 「모용선비의 초기성장과 한족(漢族)의 수용―유목제국 전통의 연속
성과 관련하여―」, 중앙대학교 교육대학원 교육학과 역사교육전공 석사학위
논문, 2004, 68쪽.

72) 『資治通鑑』卷第91 「晉紀」13 中宗元皇帝中 太興 3年.

73) 『梁書』卷54 「列傳」48 諸夷 東夷 高句麗, "晉永嘉亂 鮮卑慕容廆據昌黎大棘

城 元帝授平州刺史 句麗王乙弗利頻寇遼東 庾不能制."

74) 鄭寅普, 『朝鮮史硏究(下卷)』, 서울: 서울신문社, 1947, 195~196쪽.

75) 林惠祥, 『中國民族史(上册)』, 北京: 商務印書館, 1998, 244쪽.

76) 傅樂成 著, 辛勝夏 譯, 『增訂新版 中國通史(上)』, 서울: 宇鍾社, 1981, 297쪽.

77) 가와카쓰 요시오 지음, 임대희 옮김, 『중국의 역사—위진남북조』, 서울: 혜안, 2004, 314~315쪽.

78) 김용만, 『고구려의 그 많던 수레는 다 어디로 갔을까 고구려인들의 삶의 원형을 찾아서』, 서울: 바다출판사, 1999, 133쪽. 저자는 고구려 임금들의 평균 수명을 약 55세 전후로 추정하고 있다.

79) 申采浩, 『조선 상고사(Ⅰ)』, 서울: 일신서적출판사, 1990, 201쪽. 신채호는 고국원 임금 사유가 야심은 을불보다 더하였으나 재략은 을불에 미치지 못한다고 평가하였다.

5. 볼모가 된 주검

고구려와 전연의 대립

모용선비에 대한 고구려의 우세는 더 이상 유지되지 않았으나 사유는 아버지 미천 임금 을불의 뜻을 이어가고자 하였다. 모용선비에 대한 견제정책은 변하지 않았다. 모용선비를 둘러싼 내외의 상황은 변함없이 복잡하게 돌아가고 있었고 사유는 기회 있을 때마다 모용선비의 분열과 약화를 꾀했다.

모용황은 모용외를 이어 모용선비의 통치자가 되었고 마침내 서기 337년(함강咸康 3년)에는 연(燕)나라의 왕을 자칭하였다. 역사에서는 이름이 같은 다른 나라와 구별하기 위해 전연(前燕)이라고 부른다.

그러나 모용황의 즉위 과정은 순탄하지 않았다. 모용황의 배다른 형인 모용한은 지략을 겸비한 영웅이었고 친동생인 모용인과 모용소 역시 재능이 있어 이들 사이에는 보이지 않는 갈등이 있었다.

모용황이 즉위하자 이 같은 종실 내부의 갈등이 겉으로 드러나 분쟁
이 일어났다.

　모용한은 해를 입을까 두려워 단선비에게로 달아났고 모용인과
모용소는 모용황을 폐위시키기 위하여 군사를 일으켰다.[1] 모용황은
모용소를 죽이고 모용인을 무찌르기 위해 서기 336년(함강 2년)
원정에 나섰다. 결국 모용인은 모용황에게 패배하고 목숨을 잃었는
데 이때 모용인의 수하에 있던 동수(佟壽)와 곽충(郭充)과 같은
이들이 고구려로 도망하였다.

　사유는 도망쳐 온 동수와 곽충 등을 물리치지 않고 고구려에 머물
수 있도록 배려해 주었다. 특히 동수는 황해도에 있는 안악3호 무덤
에 그 흔적을 남기기까지 하였다.

　모용황이 이를 빌미삼아 침공해올 수 있는 상황인데도 사유는
아랑곳하지 않고 예전 을불과 같이 모용선비 정권의 망명자들을
받아주었던 것이다. 사유가 망명자들을 받아준 것은 이번만이 아니
었다. 전연이 후조와 싸울 때 전연을 배신하고 후조를 도왔던 이들의
망명도 사유는 거부하지 않았다.

　서기 338년(함강 4년) 모용황은 후조의 석호와 함께 단선비를
협공하여 멸망시켰다. 전연과 후조는 모용외와 석륵 때부터 적대관
계였으나 공동의 적을 무너뜨리기 위해 힘을 합친 것이다. 그러나
단선비가 멸망한 이후 두 나라의 관계는 급속히 얼어붙어 곧 전쟁에
돌입하게 되었다.

같은 해 5월 후조는 전연의 서울인 극성까지 공략하였다. 이 때 전연의 봉추(封抽), 송황(宋晃), 유홍(游泓) 등은 전연을 배신하고 후조에 협력하였다가 사태가 불리하게 돌아가자 고구려로 도망하였다.

이때 사유는 봉추, 송황 등의 망명을 허락하였을 뿐 아니라 후조의 전연 공략을 원조하기까지 하였다. 후조는 배 3백 척에 곡물 30만 석을 실어 고구려로 운반하였으며 사유는 후조의 군사 1만여 명이 고구려 영토에서 둔전하는 것을 허락하였다.2) 이것은 을불이 후조의 석륵과 동맹하여 모용외를 협공하려던 계책을 이은 것이었다. 그러나 상황은 후조에게 불리하게 돌아가 후조와 동맹하여 전연을 도모하려던 사유의 계획은 큰 성과를 이룰 수 없었다.

그 이듬 해인 서기 339년, 모용황은 후조 및 우문선비와 전쟁중이 었음에도 고구려를 침공하였다. 모용황은 더 이상 고구려의 적대적 행동을 방관할 수 없다고 판단을 내렸을 것이다. 이때 사유는 화친을 구하여 돌려보냈는데, 모용황도 후조와 우문선비의 공격이 두려웠기 때문인지 사유의 맹약만 믿고 물러났다.

사유는 서기 340년(고국원 임금 10년)에 모용황을 안심시키기 위해 세자를 전연에 사신으로 보내기까지 하였다. 세자가 태자를 말하는지는 불분명하다. 태자와 세자는 바꾸어 쓸 수 있는 말이기는 하나, 같은 기록 안에 태자와 세자가 같이 보일 뿐 아니라 당시는 아직 태자가 책봉되기 전이었기 때문이다. 따라서 여기서 말하는 세자는 태자가 아니며, 사유의 다른 아들 가운데 하나거나 태자로 책봉되기 전의 구부(소수림 임금)를 이르는 것이 아닐까 한다.

어쨌든 사유는 모용황을 안심시키기 위해 자신의 아들까지 보내는 등 신경을 쓰고 있었다. 확실히 을불 때와는 달리 고구려가 전연에게 어느 정도 불리한 형세에 있었음을 짐작할 수 있다. 하지만 고구려는 을불 이래로 모용연에 대하여 화공 양면정책을 구사해 왔기 때문에 모용황은 사유를 믿지 않았을 것이고 사유 역시 다른 뜻이 있었을 것이다.

고구려의 공격은 그 후에도 계속되었지만,3) 모용황은 후조 및 우문선비와 대립하고 있는 상황이었으므로 몇 년 동안 두 나라 사이에 큰 충돌은 일어나지 않았다. 하지만 모용황은 어떻게든 고구려를 무너뜨리거나 그럴 수 없다면 최소한 손발이라도 묶어 놓아야 했다. 남쪽으로의 진출을 생각하고 있던 전연에게 고구려는 등 뒤의 비수와 같은 존재였다.

전연의 고구려 침공

서기 342년(고국원 임금 12년) 10월, 모용황은 서울을 극성에서 용성(龍城)으로 옮겼는데4) 이때 모용한이 모용황에게 고구려 공격의 필요성을 제기하였다. 모용한은 일찍이 모용황을 피해 단선비로 달아났었고 그 뒤에는 우문선비에 망명하였으나 모용황의 배려로 다시 전연에 돌아와 있었다.

모용한은 먼저 고구려를 취하고 우문을 멸하고서야 중원을 도모할 수 있다면서 모용황에게 고구려 침공을 권하였다. 이것은 바로 모용황도 늘 생각해 오던 바였을 것이다.

모용한은 다음과 같이 말하였다.

우문씨(宇文氏)들이 강성해진 지 오래 되어서 거듭 나라의 걱정거리가 되었습니다. 지금 우문일두귀(宇文逸頭歸)가 나라를 찬탈하여 얻었는데, 여러 사람들이 마음으로 귀부하지 않고 있으며 그 위에 성격과 아는 것이 용렬하고 아둔하며, 장수들은 재주 있는 사람이 아니고, 나라에는 방위시설이 없고, 군대도 대오(隊伍)를 갖추지 못하였습니다.

신이 오랫동안 그 나라에 있었던지라 그 나라의 지형을 모두 알아서 비록 멀리 있는 강한 갈족(羯族)에게 붙어 있지만 명성과 형세가 이어지지 않고 있으니 구원해 주는 데 아무런 도움을 주지 못할 것이고, 지금 만약에 그들을 공격한다면 백 번 거사를 하면 백 번을 다 이길 것입니다.

그러나 고구려는 그 나라가 아주 가까이 있어서 항상 훔쳐보려는 뜻을 갖고 있으며, 저들은 우문씨가 이미 망하기만 하면 그 화가 장차 자기들에게 미칠 것을 알고서 반드시 텅 빈 틈을 타고 깊이 들어와서 우리들이 대비하지 않을 것을 덮칠 것입니다. 만약에 적은 병사를 머무르게 하면 지키기에 부족할 것이고, 많은 군사를 머무르게 하면 진군시키기에 부족할 것입니다.

이것은 가슴이나 뱃속에 있는 걱정거리일 것이니 의당 그것을 먼저 없애야 할 것인데, 그들의 세력을 보건대 한 번 거병(擧兵)하면 이길 수 있을 것입니다. 이미 고구려만 빼앗고 나면 또 우문씨를 빼앗는 것은 마치 손을 뒤집는 것과 같습니다. 이 두 나라가 평정되면 이익을 취하는 곳은 동해의 끝까지 넓어질 것이고, 나라는 부유하고 군사는 강하게 되어 뒤를 돌아보아야 하는 걱정거리가 없게 될 것이니 그런 다음에 중원 지역을 도모해 볼 수 있을 것입니다.[5]

모용한에 따르면 당시 전연이 고구려 때문에 쉽게 움직일 수 없는 형세였음을 알 수 있다. 모용한은 고구려를 '가슴과 뱃속에 있는 걱정거리'라고 하면서 고구려만 이기면 우문선비를 평정하는 것은 손바닥 뒤집듯이 쉬운 일이라고 주장한다. 결국 전연에게는 고구려 격파가 모든 사업의 최우선 순위였음을 알 수 있다.

모용한은 거기에다 구체적인 고구려 공략책까지 제시하였다.

오랑캐들이 보통 때의 마음을 가지고 이를 헤아린다면 반드시 많은 군대가 북쪽 길로 올 것이라고 생각할 것이고, 북쪽 길을 중시하고 남쪽 길을 경시할 것입니다. 왕께서는 의당 정예의 군사를 인솔하고 남쪽 길로 가서 그들을 공격하여 그들이 생각하지 못한 계책을 내면 환도(丸都)는 빼앗는다고 말할 거리도 되지 않습니다. 일부 군사를 파견하여 북쪽 길로 가게 하시어 설사 차질이 있다고 하여도 그들의 중심부는 이미 궤멸되었으니, 사지(四肢)는 움직일 수 없을 것입니다.[6]

당시 고구려는 이해 8월 평양성에서 환도성(丸都城)으로 서울을 옮긴 후였다. 고구려에는 이 환도성으로 통하는 남과 북 두 갈래의 길이 있었는데 북쪽 길은 평평하고 넓고 남쪽 길은 험하고 좁아 보통 군사들은 남쪽 길은 꺼리고 북쪽 길을 가기를 원하였다.[7]

모용한은 고구려가 반드시 대군이 북쪽 길로 올 것이라 생각하고 북쪽 길을 중요시하고 남쪽 길을 가벼이 여길 것이니 정병을 남쪽 길로 진격시켜 기습하면 쉽게 제압할 수 있다는 것이었다.

모용한이 어떻게 고구려 지세에 대하여 이토록 자세히 알고 있었는지에 대해서는 자세한 기록이 없어 알 수 없지만 아마도 모용한이 망명 시절에 이러한 정보를 얻었을 가능성이 있다.

모용한은 단선비와 우문선비의 영토를 떠돌았는데 단선비와 우문선비는 고구려와 한때 힘을 합쳐 극성을 공격한 적도 있었고 세 나라 모두 모용선비와 적대적이었으므로 서로 간에 밀접한 외교관계를 맺고 있었고 어느 정도 서로에 대한 정보도 공유하고 있었을 것이다.[8]

모용황은 모용한의 권고가 매우 마음에 들었는지 다음 달 11월, 바로 고구려 침공을 단행하였다. 11월은 전연의 주력인 기병이 움직이기에 유리한 계절이기도 하였다. 추위 때문에 하천이 얼어붙어 기병의 기동력을 더욱 높여주었을 것이기 때문이다.[9] 모용황은 이와 같은 이유 때문에 겨울이 가기 전에 군사를 일으킨 것인지도 모르겠다.

당시 전연군의 규모는 5만 5천이었으며 모용한의 책략대로 모용황은 정병 4만을 거느리고 남쪽 길로 나아가고, 나머지 1만 5천은 장사 왕우(王寓) 등이 이끌고 북쪽 길로 향했다.

사유는 자신이 환도성으로 돌아온 지도 얼마 되지 않았고 전연 또한 용성으로 도읍을 옮긴 직후라 전연이 이해 11월 군사를 일으키리라고는 예상하기 어려웠을 것이다.[10] 신채호는 모용황이 극성에서 그 서북쪽인 용성으로 서울을 옮긴 것 자체가 고구려를 피하여 간 것처럼 가장하여 고구려로 하여금 방비를 소홀히 하게 하려는 의도였다고 추측하였다.[11] 모용황이 극성에서 용성으로 천도한 것이 정말로 고구려를 치기 위해서였는지는 알 수 없으나 이로 인해 사유가 어느 정도 방심하게 된 것은 사실로 짐작된다.

전연의 침공 소식을 듣고 재빨리 방어 태세를 갖추었으나 사유는 모용한의 예측대로 전연의 주력이 북쪽 길로 올 것이라고 판단하는 잘못을 저지르고 말았다. 예상치 못한 침공인데다 전연의 진공 속도도 빨라서 아무래도 침착한 대응이 어려웠던 것 같다.

사유가 전연군이 평탄한 북쪽을 이용하여 쳐들어 올 것이라고 판단한 것을 위기 상황을 자초한 안이한 것이었다는 평가도 있지만[12] 당시로서는 고구려의 지형 조건을 십분 활용한 전술이라는 견해도 있다. 사유는 정예병을 최대한 몰아주어 적의 주력군을 강타하고 남쪽에서 험한 지형을 이용하여 적을 격퇴하는 작전을 전개하려 하였다는 것이다.[13]

사유는 아우 무에게 정병 5만을 주어 북쪽 길을 막도록 하고, 자신은 약한 병사를 거느리고 남쪽 길로 나아갔다. 결과는 보지 않아도 예상할 수 있는 것이었다. 사유의 군사는 전연의 대군을 맞아 대패하였다. 그러나 고구려군이 전연군에게 곧바로 압도당한 것은 아니었다.

한 일본인 연구자는 이때 사유가 전연의 "메뚜기떼처럼 몰려드는 기마 대군을 상대로 제대로 싸우지도 못하고 어찌할 줄 모르고 당황하다가" 달아났다고 설명하고 있는데[14] 이는 전혀 사실이 아니다. 당시 고구려에는 전연의 '메뚜기떼'보다 더 많은 군사가 있었고 사유가 "어찌할 줄 모르고 당황하다가" 달아나지도 않았다.

처음 모용한의 선봉이 도착하였고 모용황이 이끄는 대군이 그 뒤를 이었으나 고구려군은 오히려 모용연의 대군을 맞아 쉽게 무너지지 않았다.[15] 사유가 거느린 고구려군은 정예병이 아니었고 고구려의 지형이 적에게 모두 잘 알려진 상황이어서 험한 지형을 이용한다는 전략도 크게 도움이 되지 않았을 것이다.

그럼에도 고구려군이 모용연의 대군에 쉽게 밀리지 않은 것은 고구려군의 무장 수준이 전반적으로 우수하였기 때문일 것이다. 고구려가 처음에 좀더 신중한 판단을 하였더라면 승전을 할 수도 있는 상황이었다.

그러나 좌상시(左常侍) 선우량(鮮于亮)이라는 자가 죽음을 무릅쓰고 기병 몇과 더불어 고구려 진지로 돌진하여 분전하니 고구려의 진이 흔들리고 이를 기회로 모용연의 대군이 밀어붙이자 마침내 고구려군은 크게 패배하였다.

이어서 좌장사 한수가 고구려 장수 아불화도가(阿佛和度加)를 베었으며 승기를 타고 대군이 뒤를 쫓으니 결국 환도성도 함락되었다. 사유는 다행히 목숨은 건져 단기로 단웅곡(斷熊谷)으로 달아났으나 장수 모여니(慕興埿)가 태후 주씨와 왕후를 사로잡았다. 을불의 왕후였던 주씨는 이때까지도 살아 있었다.

볼모가 된 을불

그러나 전연의 형편도 그리 좋은 것만은 아니었다. 고구려의 서울을 점령하는 데는 성공했으나 북쪽으로 간 전연군은 전멸 당했고 남쪽 군의 패배와 환도성 함락 소식을 들은 고구려 5만 대군이 머리를 돌려 남하해 오고 있는 상황이어서 더 이상 고구려에 머물러 있을 수 없었다. 전연군도 고구려 주력과의 전면전만은 피하고 싶었던 것이다.

결국 모용한의 책략은 사실상 실패하였다. 처음 전쟁을 시작할 때 모용한은 만약 북쪽 길에서 실패를 하더라도 별로 지장이 없을 것이라고 했으나, 고구려가 남은 대군으로 뒤를 습격할까 봐 전연군은 서둘러 퇴각할 수밖에 없었다.[16]

거병만 하면 이길 수 있다고 한 것도 큰소리에 지나지 않았다.

고구려에 큰 타격을 준 것은 사실이었으나 전연도 1만 5천의 군사를 잃었다. 그러고도 고구려의 주력군 5만은 거의 피해를 보지 않았고 고구려 임금도 사로잡지 못하였으니 애초의 목적을 이룰 수 없었던 것이다.

역사상 어떤 전쟁을 막론하고 그 기본적 전략 의도와 궁극적 목적은 상대방의 병력을 궤멸시키는 데 있고 전쟁의 실제 승부는 군대의 보존 여하에 따라 결정된다. 그렇게 보면 오히려 더 피해를 본 것은 전연 쪽이라는 주장도 있다.[17]

모용황은 사유를 불렀으나 사유는 단웅곡에 숨어 조금도 움직이지 않았다. 모용황은 고구려의 대군의 추격 때문에 더 이상 자체할 수가 없어 그대로 돌아가려 하였다. 그때 한수(韓壽)가 뜻밖의 제안을 하였다. 한수는 전연군이 이대로 철수하면 고구려는 세력을 모아 다시 전연의 걱정거리가 될 것이 분명하니 고구려의 손발을 묶어둘 수 있는 담보로 태후를 볼모로 삼고 임금 아비의 시신을 파 가자는 것이었다.

청컨대 그 아비의 시체를 싣고 그 어미를 가두고서 돌아가 자기 몸을 묶어서 스스로 귀부할 때를 기다렸다가 그런 다음에 그들을 돌려보내고 은혜와 신의를 가지고 위무하는 것이 정책 가운데 가장 좋은 것입니다.[18]

모용황은 한수의 제안을 수락하였다.

본래 시신 탈취는 유목민들 사이에서 전쟁 때 많이 일어났다고 한다. 흉노는 시신 탈취를 예방하기 위해 무덤에 봉분도 하지 않고 무덤 주위에는 표시가 될 만한 나무도 심지 않았다고 한다.[19] 모용외도 고구려를 침공했을 때 서천 임금의 무덤을 파헤치다 패한 적이 있었다.

하지만 이런 '야비한 수법[20]'은 당시 모용황이 고구려를 군사적으로 제압하지 못했음을 그대로 보여주는 것이었다. 모용황은 을불의 무덤을 무너뜨려 시신을 파내어 싣고 부고의 보물을 약탈하고 남녀 5만여 명과 태후와 왕후 등을 포로로 하였으며 궁실을 불사르고 환도성을 무너뜨리고 철군하였다.

어처구니없는 일이었다. 한때 전연을 궁지에 몰아넣었던 군주가 죽어서 전연의 포로가 된 셈이니 말이다. 만약 을불의 영혼이 있다면 자신의 무덤이 파헤쳐져 모욕을 당한 것보다도 자기 시신이 고구려의 손발을 묶기 위한 볼모가 되었다는 사실에 더욱 분해하지 않았을까?

일부 연구자들은 모용황의 군사가 을불의 시신을 도굴해 갔다는 기록을 의심하였다. 신채호는 시신 도굴뿐 아니라 태후와 왕후를 잡아갔다는 이야기도 모두 거짓일 것이라고 생각하였다.[21] 당태종 이세민과 같은 자들이 고구려를 헐뜯기 위해 『진서』 등의 역사서를 왜곡했다는 것이다.

하지만 일찍이 모용외가 고구려 서천 임금의 무덤을 파헤치다
실패한 사건은 『삼국사기』에만 보일 뿐 중국의 역사서에는 찾아볼
수 없으므로 기록 왜곡 주장에는 찬성하기 어렵다.

그렇다면 모용외가 한 번 시도했던 일을 그 아들 모용황도 똑같이
행하였다고 해서 이상할 것은 없다. 모용외와 모용황이 다른 점이라
면 모용외는 실패하고 황은 성공하였다는 것뿐이다. 정예 5만을
보존한 사유가 모용황의 침공 후 보복에 나서지 않았던 까닭도 저들
이 을불의 시신과 태후 및 왕후를 볼모로 잡고 있었기 때문일 것이다.

그런데 이렇게 조작설까지 나오기도 하는 것은 따지고 보면 을불
의 시신 도굴 사건이 쉽게 믿을 수 없을 만큼 극적이라는 의미이기도
하다. 사실 을불은 삶 자체가 한 편의 드라마와 같았다. 귀한 신분으
로 태어났으나 권력투쟁에 휘말려 살아남기 위해 궁에서 도망나와
어린 나이에 머슴이며 소금장수 등 거친 일을 하며 여기저기를 떠돌
아야 했다. 뜻밖의 정변으로 임금의 자리에 올랐지만, 또 죽어서는
이렇게 시신 상태로 적국의 볼모가 되었으니 정말 보기 드문 운명이
었다.

돌아온 을불의 시신

을불의 시신은 그렇게 한동안 전연의 영토에 포로 아닌 포로가
되어 머물고 있었다. 을불의 시신이 전연에 있었던 기간은 약 3개월

정도다. 사유가 아버지의 시신을 돌려받기 위해 자신의 아우를 보낸 것은 전쟁 이듬해(서기 343년) 2월이었다. 전연에 간 아우는 전연과의 전쟁에서 5만 정예군을 이끌었던 무(武)인 듯한데 확실한 것은 알 수 없다.

그런데 사유는 아버지 을불의 시신을 탈취당한 직후 바로 시신을 돌려받기 위한 사자를 보내지 않았다. 물론 고구려에게는 전쟁 후의 상황을 수습할 시간이 필요하였다. 비록 전연의 군대가 고구려에 머문 기간은 짧았으나 도성은 무너지고 많은 백성들이 납치되었으므로 고구려가 받은 피해가 결코 작다고는 할 수 없었다.

그렇다고는 해도 수개월씩이나 사자 파견을 미룬 까닭은 무엇일까? 사유는 고심하고 있었을 것이다. 어차피 적은 작정하고 도굴을 해간 것이니 적당한 수준에서의 타협은 불가능하기 때문이다.

사유는 밖으로는 황제라 칭하고 안으로는 태왕으로 불리고 있었다. 고구려의 태왕은 하느님의 자손(천손)이라 주장하고 있었으므로 전연의 통치자에게 자신을 신하라고 칭하는 것은 여간 수치스러운 일이 아니었을 것이다. 그렇다고 아버지의 시신을 적국에 그대로 방치해 둔다는 것은 불효가 아닐 수 없었다. 결국 사유는 모용황이 원하는 것을 들어줄 수밖에 없었다. 사유는 전연에 신하라 칭하고 수천의 진기한 보물을 보내주었다.

이로써 을불의 시신은 조국 고구려로 돌아올 수 있었다. 그러나 태후와 왕후는 그대로 전연에 남아 있어야 했다. 모용황이 을불의 시신을 돌려보낸 것은 사유를 달래기 위한 것일 뿐, 당연히 사유는 믿지 않았으므로 태후와 왕후는 그대로 볼모로 있어야 했던 것이다.

　이로써 전연은 적어도 후방의 위협에 대한 우려는 덜게 된 셈이었다. 전연은 계획했던 대로 우문선비를 치기 위한 전쟁 준비에 나섰다. 그리고 서기 344년(고국원 임금 14년), 전연은 우문선비를 쳐서 크게 이겼으며 그 통치자 일두귀는 막북(漠北)으로 도망치고 남은 무리는 창려로 옮겨졌다 흩어져 결국 멸망하였다.

　여기에서 흥미로운 점은 일두귀가 최종 피난처로 삼은 곳이 고구려였다는 사실이다(서기 345년).22) 당연한 이야기지만 일두귀가 고구려로 도망친 것은 고구려가 자신의 안전을 보장해줄 것이라는 기대 때문이었다.

　이 사건이 전연이 침공할 빌미가 될 수 있음에도 사유는 고구려가 전연을 반대하는 망명자를 당연하게 받아들였던 것처럼 일두귀도 받아들였다. 이는 사유가 어려움 속에서도 아직 전연 격파의 의지를 꺾지 않고 있었음을 알게 해준다.

　이해 겨울 전연의 모용황은 모용각(慕容恪)을 파견하여 고구려를 침공한 뒤 남소성(南蘇城)을 함락하여 이곳에 수비군을 두고 돌아갔다. 남소성은 고구려가 북만주로 진출하는 중요 통로 또는 남로와 북로의 분기점으로서 두 통로를 동시에 통제할 수 있는 지점이라고도 하는데 군사적 요충지였던 것으로 보인다.

　그런데 전연의 남소성 공격 원인에 대하여 서기 343년(고국원

158

임금 13년) 7월에 고구려가 평양 동황성을 수도로 정하고 국력 재건에 주력하자 전연이 이것을 고구려의 전연 침공 준비로 오인하였기 때문이라는 주장이 있다.[23] 그러나 고구려가 동황성을 수도로 정한 것은 남소성을 공격한 서기 345년(고국원 임금 15년) 10월보다 2년이나 전의 일로서, 고구려의 전연 침공 준비를 2년이나 방관하던 전연이 갑자기 남소성을 공격 점령하였다는 것은 이해하기 어렵다. 또한 전연이 고구려의 진출을 예방하고 고구려와 부여의 연결통로를 끊음으로써 두 나라를 각개격파하기 위한 전략적 이유에서 요충지인 남소성을 확보하기 위해 침공하였다는 주장도 있지만[24] 이것이 사실이라고 해도 전연이 어째서 굳이 이해에 고구려 남소성을 침공했는가 하는 문제에 대해서는 충분한 설명이 될 수 없다. 이것은 사유가 일두귀를 받아준 것에 대한 보복임에 틀림없었다.[25] 아직 어머니와 아내가 전연에 붙잡혀 있던 상황이었음에도 사유는 끝내 일두귀를 전연으로 보내지 않았다.

모용황도 남소성을 점령하는 선에서 그치고 더 이상의 조치는 취하지 않았다. 뿐만 아니라 모용황은 고구려의 태후나 왕후를 죽이거나 어떠한 형벌도 가하지 않았다. 아마도 사유는 모용황이 이처럼 볼모에게 어떠한 위해도 가하지 않을 것을 예측하고 있었던 것 같다.

모용황이 비록 일두귀를 받아들인 보복으로 고구려를 침공하였으면서도 볼모에는 어떤 위해도 가하지 않고 그대로 둔 것은 역시 고구려와 전면전을 치를 의도가 없었기 때문일 것이다. 당시 상황에서 전연이 고구려와 대규모 전쟁을 치른다면 전연도 결코 일방적으로 유리하지만은 않다는 것을 모용황도 사유도 알고 있었던 것이다. 사유의 칭신(稱臣)은 어디까지나 형식적인 것이었을 뿐 그 이상도 그 이하도 아님을 일두귀의 망명사건은 잘 보여주고 있다.

사유가 을불의 시신을 돌려받은 후 어떻게 하였는지에 대해서는 전혀 알 수 없다. 기록은 없지만 아마도 일정한 의례가 행해졌을 것이다.

을불은 본래 미천(美川)이라는 곳에 묻혔다. 미천은 호양(好壤)으로 바꾸어 쓰기도 하는데 그 이전 임금들의 호칭인 고국천(故國川), 동천(東川), 중천(中川), 서천(西川) 등은 모두 고국양(故國壤), 동양(東壤), 중양(中壤), 서양(西壤)으로 바꾸어 쓸 수 있다.

이것은 모두 우리말로 된 땅이름을 서로 다른 한자로 표기한 것이다. 미자(美)와 호자(好)는 모두 아름답다는 뜻으로 그 의미가 서로 통하고, 천자(川)와 양자(壤)는 서로 대응하는데 내 천자는 '내'라는 소리를 나타낸 것이고 땅 양자는 '땅'이라는 의미를 나타낸다. 고구려에서 내라는 말이 곧 땅을 뜻했음을 알 수 있다.

따라서 본래 미천은 아름다운 땅이라는 뜻이다. 처음 을불의 무덤이 마련된 곳은 매우 아름다운 곳이었던 모양이다. 어쩌면 을불 자신이 생전에 미리 보아두었던 곳인지도 모르겠다.

미천을 평양에 있었다고 보기도 하고 국내성 지역(길림성 집안 일대)에서 찾기도 하지만 사유가 그 아버지인 을불의 시신을 한 번 적에게 훼손되어 더럽혀진 무덤에 다시 안장했을 것 같지는 않다. 본래의 태왕무덤이 평양에 있었든 국내성에 있었든 을불의 시신은 거기에 없을 가능성이 높다는 것이다.

안악3호 무덤의 주인은 누구인가

그렇다면 을불의 시신이 고구려로 되돌아와 다시 묻힌 무덤은 어디에 있을까? 일부 연구자들은 안악3호 무덤이 을불의 무덤이라고 주장한다. 안악3호 무덤은 1949년 황해도 안악군 용순면 류설리(柳雪里) 현 황해남도 안악군 오국리에서 발견된 벽화가 그려져 있는 돌칸흙무덤이다.

본래 고구려 고유의 대표적인 무덤은 돌무지무덤이다. 고구려 이외의 다른 지역에서는 이러한 형식의 무덤이 거의 보이지 않는다. 돌무지무덤은 크게 기단이 없는 것, 기단이 있는 것, 계단식 등으로 나눌 수 있는데 특히 방단 계단식 돌방 돌무지무덤은 규모가 매우 크고 그 수량도 적어서 고구려 상층 통치자들의 무덤으로 추정되고 있다.26) 장군무덤으로 널리 알려진 피라미드형 무덤이 대표적이다.

안악3호 무덤과 같은 돌칸흙무덤은 서기 3세기 말경에 생겨나 4~5세기의 발전을 거쳐 서기 6세기에는 고구려 무덤의 주류가 되는 형식이다.27) 을불과 사유가 활동한 시기인 서기 4세기에는 돌무지무덤과 돌칸흙무덤이 공존하고 있었기 때문에 을불의 무덤은 두 형식 모두 가능했을 것이다.

하지만 서기 5세기에 세워진 것으로 추정되는 태왕무덤이나 장군무덤 등의 예와 같이 당시는 물론 그 후에도 돌무지무덤이 고구려 임금의 일반적인 무덤 형식이었던 것으로 보인다.

그렇다면 연구자들이 특히 안악3호 무덤에 주목하는 까닭은 무엇일까? 그것은 이 무덤에 동수에 대한 글이 남겨져 있기 때문이다. 동수는 앞서 본 것처럼 사유가 받아들인 전연의 망명자 가운데 한 사람이다.

동수는 본래 모용인과 모용황 수하에서 사마(司馬) 벼슬을 하다가 모용인이 반란을 일으켰을 때 모용인을 치기 위해 파견된 사람이었다. 동수는 이때 모용인의 군사에게 크게 패했고 임무 실패에 대한 처벌이 두려워 오히려 모용인의 휘하에 들어갔다. 그러나 몇 년 지나지 않아 모용황의 공격에 모용인이 패배하자 모용황을 배반했던 동수는 전연에 항복할 수 없어 고구려로 피신하였던 것이다.[28]

동수에 대한 기록은 무덤의 앞칸 서쪽 출입문 남쪽에 그려진 장하독(帳下督)이라는 인물 위에 남아 있다. 그 글의 내용은 다음과 같다.

영화 13년 10월, 무자삭 26일 계축에 사지절 도독제군사 평동장군 호무이교위이며 낙랑상 창려 현도 대방태수이자 도향후이며 유주 요동 평락 도향 경상리 출신인 동수는 자는 □안인데, 나이 69세에

벼슬을 하다가 죽었다.[29]

이 기록에 따르면 동수는 69세의 나이로 영화(永和) 13년(서기 357년)에 사망했다고 한다. 동수는 을불의 시신이 고구려로 돌아온 시기에 활동했던 인물이므로 안악3호 무덤을 을불의 무덤으로 추정할 수 있는 것이다.

그런데 동수가 을불의 시신이 돌아왔을 때 고구려에 있었다고 하지만 동수와 을불은 서로 본 적도 없는 사이인데 어떻게 을불의 무덤에 동수가 자신의 기록을 남길 수 있었을까?

안악3호 무덤이 을불이 무덤이라고 생각하는 연구자들은 동수가 본래 전연에서 벼슬하던 경험을 살려 을불의 시신이 고구려로 돌아오는 데 어떤 공을 세웠던 것이 아닐까 추정한다. 이 때문에 사유가 을불의 새 무덤을 만들 때 동수의 공을 기리기 위해 동수에 관한 기록을 무덤 안에 써 도록 하였다는 것이다.[30]

무덤 안에는 이 기록 외에 다른 글은 없기 때문에 무덤의 주인이 다름 아닌 동수 자신이라는 주장도 꾸준히 제기되고 있다.[31] 사실 무덤 안에 무덤의 주인이 아닌 다른 사람의 행적만 남아 있다는 것이 이상하게 생각될 수도 있다.

그러나 이제까지 무덤 안에 묘지명이 남아 있는 임금의 무덤은 발견된 예가 없기 때문에 오히려 무덤 주인의 묘지명이 없다는 것이 무덤의 주인이 임금이라는 하나의 근거가 될 수 있다. 백제의 경우에도 널리 알려진 것처럼 묘지명이 발견되어 무덤 주인이 확인된 경우는 무령왕릉이 유일하다.

사실 동수에 대한 기록이 무덤 주인의 묘지명이라면 어째서 무덤 주인으로 추정되는 인물의 방이 아니라 문 앞을 지키는 장하독의 머리 위에 자리하고 있는지 설명할 수 없다.

더구나 이 글은 아래 장하독의 그림에 닿지 않도록 억지로 맞추어 쓴 모양새가 뚜렷하고 심지어 잘못 쓴 글씨를 지우지도 않고 그대로 고쳐 쓴 부분까지 있어 당초에는 계획에 없었던 것을 나중에 조급하게 써넣은 것으로 보인다.32)

그리고 후에 출입문 옆에 있는 또 다른 인물의 머리 위에서도 글이 확인되었기 때문에33) 동수에 대한 기록은 무덤 주인의 것이 아님을 알 수 있다.

안악3호 무덤은 매우 독특한 무덤이다. 널길방, 좌우에 곁방이 있는 앞방, 회랑, 널방 등 여러 방으로 구성되어 있고 큰 판석으로 여닫이문까지 조성하여 우리나라에서는 보기 드문 꽤 복잡한 구조를 가지고 있다. 실제 무덤 안을 방문한 사람이라면 누구나 잘 지어진 지하 저택 같은 분위기에 강한 인상을 받을 것이다.

벽에 그려진 벽화도 매우 우수하고 그 규모도 지금까지 알려진 고구려벽화무덤들 가운데 가장 크다. 특히 자세한 구조는 알려져 있지 않으나 앞 방 입구의 여닫이문의 경우 그 무게가 1톤 가까이 되는데도 한 손으로 가볍게 여닫을 수 있다고 한다.34)

164

한 마디로 안악3호 무덤은 고구려의 막대한 공력이 투입된 건축물이다. 이런 무덤에 한 사람의 망명자 신분인 동수가 묻혀 있을 가능성은 별로 없다고 생각한다.

특히 회랑에 그려진 유명한 행렬도에는 성상번(聖上幡)이라는 깃발이 보이는데 성상이라고 칭할 수 있는 사람은 고구려에서 오직 임금 한 명뿐이다. 이는 안악3호 무덤의 주인공이 임금이라는 유력한 증거다.[35]

그런데 안악3호 무덤 외에도 미천 임금 을불의 무덤으로 추정되는 무덤이 있다. 압록강 너머 만주 집안의 서쪽에는 단동으로 흐르는 압록강 가까이 자리한 이른바 서대무덤이라는 돌무지무덤이 있다. 이 서대무덤을 많은 연구자들은 미천 임금의 무덤으로 보고 있는데, 이 무덤에서 나온 막새기와에 새겨진 기축(己丑)년을 서기 329년으로 추정하고 있다.

눈여겨볼 점은 무덤이 크게 파헤쳐져 현재 가운데 부분이 완전히 드러난 상태라는 것인데, 이것이 단순 도굴이 아닌 어떤 집단에 의한 조직적인 소행으로 보인다는 것이다. 물론 이 집단을 전연으로 추정할 수 있다.[36]

한편 북한에서는 근래에 발견된 태성리3호 무덤을 미천 임금의 무덤으로 보고 있다. 태성리3호 무덤은 평안남도 남포시 강서구역 태성리 소재지에서 북쪽으로 2km 거리의 언덕 위에 자리하고 있는 돌칸흙무덤이다.

이 무덤은 서기 2000년 12월에 발견되었으며 2005년 7월 남북공동조사단의 평양 일대 고구려 유적 공동조사 때 남학학계에 처음 공개되었다. 태성리3호 무덤은 비록 무덤 자체가 거의 파괴되고 벽화 역시 일부 흔적만 남아 있을 뿐이지만, 북한의 연구자들은 자신들이 고국원 임금의 무덤으로 단정하고 있는 안악3호 무덤과 규모와 구조가 비슷하고 금제 영락 장식 등 화려한 유물이 나올 뿐 아니라 언덕 꼭대기에 자리한 모습으로 볼 때 임금의 무덤이 틀림없다며 그 주인공을 미천 임금으로 보고 있다.

흥미로운 점은 이 무덤의 동쪽 끝에 정식 입구와는 별도로 무덤 밖과 연결되는 또 하나의 출입구가 만들어져 있는데 북한의 연구자는 이것을 긴급한 상황이 일어났을 때 무덤 주인의 시신을 신속하게 옮길 수 있도록 만들어진 일종의 비상통로라고 추정하고 있다. 이 비상통로는 전연에 의한 미천 임금의 시신 탈취와 같은 일이 다시는 일어나지 않도록 특별히 마련된 것으로, 결국 이 무덤이 미천 임금의 무덤의 또 하나의 증거라는 것이다.[37)

그런데 서대무덤의 경우 아직 무덤 주인을 확인할 수 있는 확정적인 유물이 발견된 것이 아니고, 서대무덤을 미천 임금의 무덤으로 볼 수 있다고 해도 무덤이 현재 완전히 파헤쳐진 상태여서 결국 이것은 미천 임금의 무덤이 이장되었음을 의미하는 것이다.

태성리3호 무덤은 그 규모나 구조로 보았을 때 임금의 무덤으로 추정할 수 있으나 이 역시 확실한 유물이나 문자 자료가 있는 것은 아니다. 이에 비해 안악3호 무덤에서는 성상이라는 글이 임금의 무덤이라는 중요한 근거가 되고 있다.

물론 안악3호 무덤이 임금의 무덤이라고 해서 그것이 곧 무덤의 주인이 을불임을 의미하는 것은 아니다. 동수는 사유의 신하였으므로 무덤의 주인은 당연히 사유라는 주장도 있다.

이는 언뜻 당연한 주장 같지만 사유의 무덤은 압록강 너머 만주 집안 지역에 있었을 가능성이 높다. 사유는 보통 고국원(故國原) 임금으로 불리는데 기록에 따르면 국강상(國岡上) 임금이라고도 불렸음을 알 수 있다. 이것은 곧 사유의 무덤이 국강상이라는 곳에 자리하고 있었음을 뜻한다.

그런데 광개토호태왕의 정식 명칭이 국강상광개토경평안호태왕(國岡上廣開土境平安好太王)이기 때문에 태왕의 능비가 서 있는 집안 지역이 곧 옛 국강상임을 알 수 있다.

하지만 사유의 무덤 또한 이장의 가능성이 있다고 한다. 사유의 무덤은 국강상 곧, 오늘날의 집안 지역에 있었으나 후에 황해도의 안악3호 무덤으로 이장되었다는 것이다. 사유는 을불과 달리 무덤을 도굴당한 기록이 없고 달리 이장되었다는 기록도 없는데 어떻게 이장의 가능성을 주장하는 것일까?

그것은 안악3호 무덤이 본래 태후 주씨와 함께 전연으로 끌려갔던 사유의 왕후의 무덤이며 전연에 끌려갔다 고구려로 돌아온 왕후가 안악에 자신의 무덤을 조성하고 여기에 사유를 합장하도록 하였다는 것이다. 실제로 안악3호 무덤에서는 두 사람분의 유골이 발견되었기 때문에 합장무덤으로 볼 수 있다. 무덤이 황해도 지역에 만들어진 까닭은 오랜 기간 전연에서 볼모로 붙잡혀 있던 왕후의 전연에 대한 두려움 때문이며 무덤 안에 동수에 대한 기록이 남아 있는 것은 동수가 왕후가 고구려로 돌아오는 데 큰 공을 세웠기 때문이라고 한다.

사유(고국원) 13년	서기 343	을불(미천)의 시신 고구려로 돌아옴
사유(고국원) 25년	서기 355	태후 주씨 고구려로 돌아옴
영화 13년	서기 357	동수 사망(안악3호 무덤의 기록)
사유(고국원) 41년	서기 371	사유 사망

(* 사유의 왕후는 고구려로 돌아온 기록이 남아 있지 않다)

그런데 위의 표에서 알 수 있듯이 무덤에 기록된 영화 13년(서기 357년)경에 무덤이 완성되었다고 하면 서기 357년은 사유가 사망하기 14년 전이어서 사유의 무덤이라고 하기에는 너무 이르다고 생각된다.

물론 서기 357년은 을불의 시신이 고구려로 돌아온 서기 343년보다 14년이나 흐른 뒤여서 을불의 무덤이라고 보기에도 무덤의 축조 시기가 너무 늦다고 생각할 수 있다.

하지만 앞서 설명한 것처럼 안악3호 무덤은 합장무덤이라고 생각된다. 만약 이 무덤이 사유와 그 왕후의 합장무덤이 아니라 을불과 태후 주씨의 무덤이라면 다음과 같이 추정할 수 있다.

무덤은 을불의 시신이 고구려로 돌아온 서기 343년 이후 얼마 지나지 않아 완성되었으나 태후 주씨가 귀국한 서기 355년 이후 어느 시기에 주씨가 사망하자 주씨를 을불의 무덤에 합장하면서 동수에 대한 기록을 무덤 안에 써넣었다는 것이다.

다만 무덤이 만들어진 시기를 서기 370년대 이후로 보아야 한다는 의견도 있다. 무덤에 그려진 연꽃 무늬 등을 근거로 무덤의 건축 시기를 불교가 고구려에 전래된 서기 372년 이후로 볼 수 있고, 동수의 기록이 무덤 안에 남겨진 시기를 동수가 '유주(幽州) 요동(遼東) 출신'이라는 글에 따라 요동군이 유주에 속해 있던 서기 370년에서 380년 사이로 볼 수 있으므로 무덤은 서기 370년대에 만들어졌다는 것이다. 이러한 견해가 옳다면 안악3호 무덤이 서기 371년에 사망한 사유와 왕후의 합장무덤임을 뒷받침하는 근거가 될 수 있다.38)

그러나 고구려의 연꽃 무늬는 불교와 관련이 없는 고유문화로서39) 무덤의 축조 시기를 반드시 불교 전래 이후로 볼 수는 없으며, 동수의 기록을 서기 370년대에 무덤에 써넣은 것이라고 해도 이미 만들어진 무덤이라면 훗날 언제든지 글을 써넣을 수 있으므로 글이 쓰여진 연대를 가지고 무덤의 축조 시기를 판단할 수는 없다.

동수에 대한 기록이 서기 370년대에 쓰여진 것이라 해도 이 시기에 태후 주씨가 사망하여 무덤에 합장된 것으로 볼 수도 있을 것이다. 370년대에 태후 주씨의 나이는 대략 80대가 되므로 당시로서는 상당히 많은 나이라고 할 수 있으나 결코 불가능한 것은 아니다.

당시 사람들의 평균수명은 매우 낮았으나 고위 신분의 사람들은 위생적인 생활과 영양가 높은 식생활을 하였기 때문에 수명이 크게 낮지는 않았다. 서기 1세기의 로마황제 아우구스투스, 티베리우스나 서기 7세기 신라의 김유신은 거의 80세까지 살았고[40] 서기전 5~4세기의 아테네 사람 이소크라테스는 100세 가까운 수명을 누렸다고 한다.[41] 뿐만 아니라 비슷한 시기를 살았던 타림 분지의 오아시스 국가 구자(龜玆) 출신의 승려 불도징(佛圖澄)은 117세까지 살았다고 전해지고[42] 태후 주씨의 현손인 거련(巨連)이 98세의 나이로 숨졌음을 볼 때 태후가 80대까지 생존하는 것이 무리라고는 할 수 없다.

또 하나 여기서 중요한 사실은 안악3호 무덤에 묵서를 쓴 시기가 370년대라는 추정이 정확하다면 이것은 오히려 안악3호 무덤이 동수의 무덤이 아니라는 중요한 근거가 된다는 것이다. 만약 안악3호 무덤이 동수의 무덤이라면 묵서는 당연히 무덤 주인인 동수가 사망한 직후에 쓰여져야 한다. 무덤 주인이 무덤에 묻힌 뒤 오랜 세월이 흐른 뒤에야 무덤을 다시 열어 그 묘지를 무덤 벽에 써넣는다는 것은 이해할 수 없는 일이기 때문이다.

이렇게 보았을 때 안악3호 무덤의 주인공은 을불 또는 사유일

가능성이 높다. 그럼에도 '무덤의 주인공을 둘러싼 오랜 논쟁'[43]을 여기서 끝내기에는 확실한 증거가 부족하다.

무덤 안에서 주인공에 대한 기록이 발견된다면 결론을 내릴 수 있겠으나 현재로서는 그 가능성이 매우 희박하다고 할 수 있다. 그러나 여러 견해를 살펴볼 때 글쓴이는 을불이 무덤의 주인공이라는 주장이 가장 합리적이라고 생각한다.

안악3호 무덤은 분명 임금의 무덤인데 당시 고구려 임금의 일반적인 무덤 양식인 돌무지무덤이 아니고 무덤의 위치도 고구려의 도성 부근이 아니어서 이장용으로 만들어진 무덤이 분명한 것으로 보인다.

이 문제를 단순하게 생각한다면, 고구려의 임금 중에서 이장되었을 가능성이 가장 높은 임금은 당연히 을불이다. 그리고 안악3호 무덤은 합장무덤으로 보이는데 태후 주씨가 고구려로 돌아온 것은 기록이 남아 있으나 사유의 왕후에 대한 기록은 보이지 않는다. 기록이 중간에 사라진 것일 수도 있으나 왕후가 고구려로 돌아오지 못했을 가능성도 생각해 볼 수 있다.

기록에는 사유의 왕후의 귀국뿐만 아니라 아예 고구려에서 돌려줄 것을 요청한 기록조차 보이지 않는다. 고구려가 왜 왕후의 송환을 요구하지 않았을까 하는 의문에 대해서는, 왕후가 전연에 인질로 가 있는 동안 사유가 새 여인을 왕후로 맞이하였고 이 새 왕후가 전 왕후의 소환을 반대했기 때문이 아닐까 하는 견해도 있다.[44]

　부모는 오직 하나뿐이지만 아내는 다시 얻으면 되는 것이다. 기록이 없어 자세히 알 수는 없지만 왕후가 전연에 오랜 기간 억류되어 있었기 때문에 새로운 왕후를 들였을 가능성은 매우 높다. 이 같은 상황에서 고구려가 왕후를 전연으로부터 귀환시키기 위해 적극적으로 노력하였을지 의문이고 실제로도 기록에 보이지 않는다. 고구려가 왕후에 대해 차가운 태도를 보였다면 인질의 가치가 없어진 고구려 왕후에 대한 전연의 대우 또한 좋았을 리 없어서 전연 말의 혼란 속에서 과연 왕후가 살아남을 수 있었을지 의심스럽다.

　그렇다면 무덤에 동수의 기록이 남게 된 것은 동수가 을불의 시신이 아닌 태후 주씨가 고구려로 돌아오는데 기여를 했기 때문이고, 태후 주씨가 안악3호 무덤에 합장되면서 동수의 기록도 무덤 안에 남게 된 것으로 추정된다.45)

　안악3호 무덤이 화려하고 규모가 큰 무덤이라는 것도 이 무덤이 을불을 위해 지어진 것이라는 하나의 근거가 될 수 있다. 사유의 처지에서는 아버지 을불의 시신을 적에게 탈취당한 불효를 을불을 위한 새로운 무덤을 크고 화려하게 치장함으로써 조금이나마 씻어 보려 했을 것이다.

　그 위치 또한 을불의 무덤임을 짐작하게 하는데, 사유로서는 전연에서 가능한 한 멀리 떨어진 곳에 무덤을 조성하는 것이 조금이라도 안심이 되었을 것이기 때문이다.

태후 주씨의 귀환

태후 주씨도 서기 355년(고국원 임금 25년)에 무사히 고구려로 돌아왔다. 하지만 을불의 시신이 고구려로 돌아온 지 12년이나 지난 뒤의 일이었다. 이 사이 사유가 주씨의 송환을 위해 어떠한 노력을 하였는지는 잘 알려져 있지 않지만 기회 있을 때마다 전연에 태후를 돌려보내 달라고 요청하였을 것이다.

그러나 모용황은 태후의 귀국을 쉽게 허락하지 않았다. 모용황의 고구려에 대한 경계심은 좀처럼 사그라들지 않았다. 모용외 재위 시절부터 고구려와 싸워 온 모용황에게 고구려에 대한 불신은 뿌리 깊은 것이었다. 물론 이것은 여전히 고구려가 전연에 위협적인 세력임을 의미하는 것이기도 하였다.

이 와중에 사유가 서기 345년(고국원 임금 15년) 우문일두귀의 망명을 허락함으로써 모용황의 분노를 사게 된다. 결국 모용황이 살아 있는 동안 태후는 고구려로 돌아올 수 없었다.

그 3년 후인 서기 348년(고국원 임금 18년), 모용황이 사망하고 황의 아들 모용준(慕容儁)이 즉위하자 사유는 바로 이듬해인 서기 349년(고국원 임금 19년)에 모용준에게 전연을 배반하고 고구려로 망명한 전 동이호군(東夷護軍) 송황(宋晃)을 돌려보냄으로써 모용준에게 좋은 인상을 주려고 노력하였다. 하지만 모용준 역시 쉽게 태후를 고구려로 돌려보내려 하지 않았다.

모용준은 사유가 서기 355년(고국원 임금 25년)에 사신을 보내 조공과 볼모를 바치고 태후 주씨의 송환을 요청하고 나서야 태후가 고구려로 돌아가는 것을 허락하였다. 그는 왜 갑자기 마음을 바꾼 것일까? 사유가 보낸 진귀한 물품과 볼모가 마음에 들었던 것일까?

이에 대해서는 모용준이 고구려가 더 이상 전연의 위협이 되지 않는다고 판단했기 때문으로 보기도 한다. 모용준은 전연의 남하를 가로막고 있던 강력한 경쟁자 후조가 내란으로 어지러운 틈을 타 계(薊)성을 함락하고 이어서 후조를 빼앗은 염민(冉閔)의 위(魏)나라를 무너뜨려 국세가 상승하고 있었다.

그런데 모용준은 태후만 내어주었을 뿐 사유의 왕후는 그대로 붙잡아 두고 있었다. 더구나 모용준은 태후 대신 다른 볼모를 고구려로부터 받았다. 만일 모용준에게 고구려가 전혀 위협이 되지 않았다면 새로운 볼모를 받을 필요도 없고 왕후를 붙잡아 둘 이유도 없다.

그렇다면 실제 이유는 아마도 태후의 나이가 너무 많아 더 이상 전연에 머물게 하는 것이 어려웠기 때문일 것이다. 당시 태후의 나이는 약 68세 정도로 추정되는데 만약 태후 주씨가 전연에서 사망하기라도 한다면 주씨의 볼모로서의 가치도 없어질 뿐 아니라 태후의 죽음에 분노한 고구려와 전쟁을 하게 될 위험도 있었다.

따라서 전연으로서는 태후가 죽기 전에 고구려로 돌려보내 쓸데 없는 갈등을 피하는 편이 유리했을 것이다. 모용준은 전중장군(殿中將軍) 도감(刀龕)을 시켜 태후 주씨를 호송하게 하고 사유에게 '정동

대장군영주자사(征東大將軍營州刺史)'의 작호를 주었다. 모용준으로서는 전연과 고구려가 군신관계임을 강조하려는 의도였으나 거기에는 어떠한 강제력도 없었다. 사유는 태후를 돌려받는 것만이 관심사항이었을 것이다.

태후 주씨는 노인의 몸으로 적국에 볼모로 있다가 10년이 지나서야 고향으로 돌아왔으니 그 심정은 말로 다할 수 없었을 것이다. 물론 전연에서의 생활이 크게 나쁘지는 않았을 것이다. 전연에게 태후는 중요한 볼모인데다 고령의 몸이었으므로 태후의 건강이 악화되는 일이 없도록 배려하였을 것이기 때문이다. 아무리 그렇더라도 고향에서 사랑하는 가족과 함께 지내는 삶에는 당연히 비길 수 없었을 것이다.

을불과 주씨의 관계에 대해서는 전혀 알려져 있지 않다. 둘 사이의 금슬이 어떠했는지 알 방법은 없으나 을불의 죽음 이후에도 두 부부가 운명을 함께하였으니 역사상 참으로 보기 드문 인연임은 틀림없다.

전연의 멸망과 고구려

이후 전연이 멸망하기까지 고구려와 전연이 서로 사신을 왕래한 기록은 없다. 을불의 시신과 모후 주씨를 돌려받은 사유로서는 더 이상 전연과 접촉할 이유는 없었을 것이고 전연 또한 고구려가 조용히 있어 준다면 그것으로 족했을 것이다.

서기 370년(고국원 임금 40년) 강성함을 자랑하던 전연도 전진(前秦)에게 서울인 업을 함락당해 마침내 패망하기에 이르렀다. 이때 전연의 권력을 좌지우지하던 모용평(慕容評)이란 자가 고구려로 도망쳐 왔다. 당연한 일이지만 사유는 모용평의 망명을 허락하지 않았고 그를 잡아 전진으로 보내버렸다.

흥미로운 것은 전진이 전연을 멸망시키는 데 고구려인들이 도움을 주었다는 사실이다. 전진이 업을 포위하였을 때 부여의 왕자 산기시랑(散騎侍郞) 여울(餘蔚)의 주도 아래 업에 있던 부여, 고구려와 상당(上黨)의 볼모 5백여 명이 업의 북문을 열어 주어 전진의 군사가 쉽게 업으로 진입할 수 있었고 이로써 전연은 일시에 멸망하였다.[46]

모용외가 일찍이 부여를 침공하여 막대한 피해를 입혔고 외의 아들 모용황 또한 부여를 침공하여 큰 타격을 주었는데 많은 부여 사람들이 이때 전연에 붙잡혀 왔던 것이다.

여울의 신분으로 볼 때 업에 있던 고구려 사람들 또한 높은 신분의 귀족 자제들로 추정되는데 전연에 볼모로 끌려왔다가 업이 전진군에 포위된 것을 보고 여울 등과 함께 일을 도모했을 것이다.

전연은 후조와의 전쟁에서 매우 뛰어난 수성 능력을 보여주었으므로 전연과 전진의 승패를 알 수 없는 상황에서 부여, 고구려 등의 포로가 도성의 문을 열어준 사건은 전진의 승리에 매우 크게 기여한

것이었다.47)

모용황의 기실참군(記室參軍) 봉유(封裕)에 따르면 모용황이 우
문선비를 무너뜨린 서기 344년 무렵, 전연에 고구려, 백제, 우문선
비, 단선비 등의 포로가 수십만(10만호)이나 있었다고 한다. 봉유는
이들이 전연에 큰 해가 될까 두렵다고 하면서 이들 중 일부를 서쪽
변경의 여러 성들로 옮길 것을 제안하기도 하였는데48) 결국 봉유의
우려가 현실이 되었던 것이다. 이것은 참으로 전연에게 어울리는
'인과응보'의 결말이었다.

여기서 눈길을 끄는 것은 전연에 있었다는 백제 포로의 존재다.
이것은 백제가 모용연과 군사적으로 충돌하였음을 의미한다. 『자치
통감』 영화(永和) 2년(서기 346년)의 기록을 보면 백제가 부여를
침공하여 서쪽으로 밀어내어 전연 가까이 옮겨갔다가 모용황의 침
입을 받아 큰 피해를 입었다는 기록이 있다.49) 이는 결국 백제가
모용황 재위 이전에 만주에서 세력을 확장하고 있었다는 사실을
보여준다.

뒷날의 일이지만 전진(前秦)에서 서기 380년(태원太元 5년), 부락
(苻洛)이 전진의 임금 부견(苻堅)에 대하여 반란을 일으킬 때 백제
에 군사를 요청한 기록도 찾아볼 수 있다. 부락은 수하에 있던 유주
치중(幽州治中) 평규(平規)의 말에 따라 선비, 오환, 고구려, 백제,
신라, 휴인(休忍) 등에 사신을 보내 병사를 징발하고자 하였는데
이들 나라가 모두 군사를 보내기를 거부하여 실패하였다.50)

중요한 것은 당시 백제는 전진과 어떠한 외교관계도 없었다는 점이다. 신라는 고구려를 통하여 전진과 외교관계를 맺고 있었는데 서기 377년(태원 2년)에 이미 전진에 사신을 보냈으며[51] 서기 381년(나물이사금奈勿尼師今 26년)에 전진에 사신을 보내고 있다는 사실을 생각하면 부락이 고구려를 통해 신라에 원병을 청할 수도 있었을 것이다.

그러나 애초에 평규가 군사를 징발하기를 권한 나라는 오환, 선비, 고구려, 백제의 네 나라뿐이었으므로 부락이 신라나 신라의 부근에 자리하고 있었다고 추측되는 휴인[52]에 사신을 보냈다는 것은 과장일 가능성이 크다.

반면 백제의 경우는 고구려와의 관계도 적대적인 상황이었으므로 부락이 바다 건너 직접 원병을 청해야 하는 상황인데 신속한 군사행동이 필요한 시기에 아무런 외교관계도 없는 바다 너머의 나라에 병사를 징발한다는 것은 이해하기 어렵다. 이것은 역시 백제가 대륙에 그 세력을 미치고 있었음을 의미하는 것이다.

이때 평규가 부락에게 북으로 오환과 선비의 군사를 모으고 동으로 고구려·백제의 군사를 끌어들이면 활을 쏘는 군사가 50여만은 될 것이라고 주장하였는데 이는 당시 백제의 세력이 강성하였음을 보여준다.

『송서(宋書)』와 『양서(梁書)』 등의 중국의 역사서에 따르면, 고구려가 요동을 차지한 시기에 백제도 또한 요서 지역을 공격해서 차지하고 백제군을 두었다고 전한다. 또한 「양직공도(梁職貢圖)」에는 백제53)가 요서를 차지한 시기를 진말(晉末)으로 기록하고 있는데 이를 4세기 후반의 동진 말기로 보는 견해가 있으나54) 전연에 백제 포로가 있었다는 사실로 미루어 보건대 이것은 4세기 초 서진 말로 보는 것이 옳을 것이다.

이와 관련하여 백제의 국력을 보여주는 대표적인 유적이 서울 한강변에 자리하고 있는 풍납토성이다. 토성은 전체 길이가 대략 3.5킬로미터고 백제 당시의 성벽 높이는 15미터 정도로 추정되며 성벽 밑변의 너비는 30~40미터 정도인데 가장 넓은 곳은 70미터에 이르기도 한다. 방사성탄소 동위원소 연대추정에 의하면 풍납토성 의 건축 시기는 서기전 2세기에서 서기후 2~3세기에 걸쳐 있다.55)

한 연구자의 추정에 따르면 풍납토성을 쌓는 데 투입된 흙의 총량 은 1.5톤 트럭 13만 대 분량으로 226만 6천 톤 정도고 투입된 전체 연인원은 445만 명에 달할 것이라고 한다.56)

백제는 늦어도 서기 3세기 이전에 풍납토성과 같은 거대한 토성을 건축할 능력이 있었으며 이를 발판으로 대륙으로 진출하여 전연과 충돌하였고 이 과정에서 백제 사람들이 전연에 포로로 끌려간 것으 로 보인다. 비록 기록에는 없으나 전진의 전연 함락에는 이러한 백제 포로들의 도움도 있었을 것이다.

한편 이 무렵 사유가 고구려 군사를 이끌고 전연의 영토에 침공하 여 복수전을 펼쳤다는 주장도 있다.57) 사유가 모용평을 전진에 압송

하는 것으로 전연에 대한 복수를 끝냈다고 보기는 어렵고 그 규모는 알 수 없으나 어떤 식으로든 전연에 대한 군사적 보복이 이루어졌을 것이다. 사유로서는 비록 충분하지는 않았을 것이나 모용황이 아버지 을불의 시신을 모욕한 데 대해 복수를 한 셈이었다.

1) 당시 전연의 병권은 종실 자제가 장악하고 있었다. 劉展 外 編, 『中國古代軍制史』, 軍事科學出版社, 1992, 199쪽.

2) 『資治通鑑』 卷第96 「晉紀」18 顯宗成皇帝中之下 咸康 4年.

3) 『資治通鑑』 卷第97 「晉紀」18 顯宗成皇帝下 咸康 7年 冬10月, "屢破高句麗兵."

4) 오늘날 요령성 조양 또는 능원 부근 등으로 추정한다. 윤내현 외 편저, 『중국사(1)』, 서울: 民音社, 1991, 207쪽 ; 서병국, 『고구려제국사』, 서울: 혜안, 1997, 90쪽.

5) 『資治通鑑』 卷第97 「晉紀」18 顯宗成皇帝下 咸康 8年 10月. 사마광 지음, 권중달 옮김, 『자치통감資治通鑑(10) 진(晉)시대 (Ⅱ)』, 서울: 도서출판 삼화, 2007, 502~503쪽. 어색한 부분은 일부 글쓴이가 수정하였다.

6) 사마광 지음, 권중달 옮김, 『자치통감資治通鑑(10) 진(晉)시대 (Ⅱ)』, 서울: 도서출판 삼화, 2007, 503~504쪽.

7) 환도성은 오늘날 집안 지역의 국내성 부근에 자리했다고 추정하는데 북로는 신빈(新賓)에서 통화(通化)를 거쳐 남하하는 것으로, 남로는 본계(本溪)를 거쳐 신빈 부근에서 아래로 우회하여 집안 지역에 이르는 것으로 보는 견해가 있다. 全寬, 「백제 근초고왕의 고구려 평양성 공격」, 『軍史』 15, 1987, 13쪽.

8) 姜仙, 「고구려와 전연(前燕)의 관계에 대한 고찰」, 『高句麗研究』 11, 2001, 19쪽.

9) 李弘斗, 「高句麗의 鮮卑族戰爭과 騎兵戰術-특히 前燕·後燕·隋戰爭을 중심으로-」, 『史學研究』 75, 2004, 8쪽.

10) 국방부 군사편찬연구소, 『한국고대 군사전략』, 2005, 98쪽.

11) 申采浩, 『조선 상고사(Ⅰ)』, 서울: 일신서적출판사, 1990, 202쪽.

12) 국방부 군사편찬연구소, 『한국고대 군사전략』, 2005, 99쪽.

13) 임용한, 『전쟁과 역사-삼국편』, 서울: 혜안, 2002, 67쪽.

14) 다케미쓰 마코토 지음, 김승일 옮김, 『고구려 광개토대왕』, 서울: 범우, 2009, 36쪽.

15) 존 로스 지음, 홍경숙 옮김, 『존 로스의 한국사』(그들이 본 우리 014), 서울: 살림, 2010, 124쪽; 池培善, 『中世東北亞史硏究』, 서울: 一潮閣, 1986, 92쪽.

16) 姜仙, 「고구려와 전연(前燕)의 관계에 대한 고찰」, 『高句麗硏究』 11, 2001, 20쪽.

17) 全春元, 『韓民族이 東北亞歷史에 끼친 影響』, 서울: 集文堂, 1998, 48쪽.

18) 『資治通鑑』 卷第97 「晉紀」18 顯宗成皇帝下 咸康 8年 11月. 사마광 지음, 권중달 옮김, 『자치통감(資治通鑑) (10) 진(晉)시대 (Ⅱ)』, 서울: 도서출판 삼화, 2007, 505쪽.

19) 池培善, 「高句麗와 鮮卑의 전쟁—慕容廆와 慕容皝을 중심으로—」, 『高句麗硏究』 24, 2006, 74쪽.

20) 이이화, 『한국사 이야기(2) 고구려 백제 신라와 가야를 찾아서』, 서울: 한길사, 1998, 178쪽.

21) 申采浩, 『조선 상고사(Ⅰ)』, 서울: 일신서적출판사, 1990, 204쪽.

22) 모용황이 우문선비를 멸망시킨 해를 서기 343년이라고 보는 경우도 있으나 (池培善, 『中世東北亞史硏究』, 서울: 一潮閣, 1986, 95·98쪽 ; 김용만, 『인물로 보는 고구려사』, 서울: 창해, 2001, 206쪽) 이는 잘못이다. 『자치통감』은 우문선비가 멸망한 해를 건원 2년(서기 344년)으로 기록하였고 『북사』는 우문선비가 멸망하고 일두귀가 고구려로 망명한 해를 영화 원년(서기 345년)으로 기록하였다(『資治通鑑』 卷第97 「晉紀」19 康皇帝 建元 2年 ; 『北史』 卷98 「列傳」86 匈奴宇文莫槐). 『자치통감』 영화 원년 봉유(封裕)의 상서를 보면, 우문선비를 멸망시킨 것은 영화 원년 이전이 분명하고(『晉紀』19 孝宗穆皇帝上之上 永和 元年), 서기 345년 모용연의 고구려 침공은 고구려가 우문일두귀를 받아들인 데 대한 보복이 틀림없으므로 우문선비는 서기 344년에 멸망하고 우문일두귀는 막북으로 도망하였다가 다음 해인 서기 345년에 고구려로 망명하였던 것으로 보인다.

23) 국방부 군사편찬연구소, 『한국고대 군사전략』, 2005, 101쪽.

24) 全寬, 「백제 근초고왕의 고구려 평양성 공격」, 『軍史』 15, 1987, 13~14쪽.

25) 姜仙, 「高句麗와 北方民族의 관계 연구—鮮卑·契丹·柔然·突厥과의 관계를 중심으로—」, 숙명여자대학교 대학원 사학과 한국사전공 박사학위논문, 2003, 58~59쪽.

182

그런데 미사키(三崎良章)는 그의 저서에서 다른 나라에서 고구려로 망명한 이들을 설명하면서 우문일두귀는 누락시키고 있다. 이것이 일부러 의도한 것인지의 여부는 알 수 없지만 적어도 이 사건이 연구자들 사이에서 그 중요성에 비해 경시되고 있음을 알 수 있다(三崎良章 저, 김영환 옮김, 『五胡十六國－中國史上의 民族 大移動－』, 서울: 景仁文化社, 2007, 138~139).

26) 정영진, 「고분 구조로 본 발해 문화의 고구려 계승성」, 『연구총서19 고분으로 본 발해 문화의 성격』, 서울: 동북아역사재단, 2006, 37쪽.

27) 정영진, 「고분 구조로 본 발해 문화의 고구려 계승성」, 『연구총서19 고분으로 본 발해 문화의 성격』, 서울: 동북아역사재단, 2006, 40쪽.

28) 손영종, 『고구려사의 제문제』, 서울: 신서원, 2000, 271쪽.

29) "永和十三年十月戊子朔廿六日 癸丑使持節都督諸軍事 平東將軍護撫夷校尉樂浪 相昌黎玄菟帶方太守都 鄕侯幽州遼東平郭 都鄕敬上里冬壽字 □安年六十九薨官."

30) 손영종, 『고구려사의 제문제』, 서울: 신서원, 2000, 274~275쪽.

31) 신채경, 「고구려 안악 3호분 묘주 연구 : 분묘구조와 행렬도를 중심으로」, 영남대학교 대학원 미학미술사학과 미학미술사학전공 석사학위논문, 2006 ; 劉秋霖 等 編, 『中國古代兵器圖說』, 天津: 天津古籍出版社, 2003, 234쪽. 이 책에서는 안악3호 무덤을 동수의 무덤으로, 무덤의 행렬도를 동수출행도라고 소개하고 있다. 아울러 시기를 당(唐)대로 설명하고 있는데 이것은 물론 잘못이다.
『동서문화 世界大百科事典』1991년판 〈동수묘〉 항목에서도 안악3호 무덤을 동수의 무덤으로 설명하고 있다. 이 글에서 동수가 326년(미천왕 27년)에 고구려로 투항했다고 한 것은 잘못이며, 동수가 고구려로 투항한 해는 336년이다.

32) 박진욱, 「안악3호무덤은 고국원왕의 무덤」, 『조선고대 및 중세초기사 연구』, 서울: 백산자료원, 1999, 149쪽.

33) 손영종, 『고구려사의 제문제』, 서울: 신서원, 2000, 272쪽.

34) 박진욱, 「안악3호무덤은 고국원왕의 무덤」, 『조선고대 및 중세초기사 연구』, 서울: 백산자료원, 1999, 143쪽.

35) 안휘준, 『한국회화사연구』, 서울: 시공사, 2000, 49쪽.

36) 임기환, 「고구려 장지명 왕호와 왕릉 비정」, 『동북아역사재단 기획연구20 고구려 왕릉 연구』, 서울: 동북아역사재단, 2001, 43쪽 ; 고구려연구재단

편, 『증보판 위성사진으로 보는 고구려 도성』, 서울: 고구려연구재단, 2005
139쪽.

37) 동북아역사재단 편, 『南北共同遺蹟調査報告書 증보판 평양일대 고구려유적
』, 서울: 동북아역사재단, 2005, 12~16쪽, 49~50쪽 ; 김인철, 「태성리3호벽
화무덤의 축조연대와 피장자 연구」, 『북방사논총』 9, 2006.

38) 이인철, 『고구려의 대외정복 연구』, 서울: 백산자료원, 2000, 112~118쪽.

39) 박현진, 「고구려시대 연꽃문양의 연구-와당과 벽화를 중심으로-」, 목포대
학교 교육대학원 미술교육전공 석사학위논문, 2005, 39~40쪽.

40) 크리스 스카레 지음, 윤미경 옮김, 『갑인 크로니클총서3 로마 황제』, 서울:
갑인공방, 2004, 31~41쪽.

41) 김봉철, 「이소크라테스 아테네의 실천적 지식인」, 허승일 외 지음, 『역사도서
관 교양5 인물로 보는 서양고대사 고대 그리스에서 로마 제정 시대까지』,
서울: 도서출판 길, 2006, 209쪽.

42) 三崎良章 저, 김영환 옮김, 『五胡十六國-中國史上의 民族 大移動-』, 서울:
景仁文化社, 2007, 149쪽.

43) 전호태, 『고구려고분벽화』, 서울: 연합뉴스, 2006, 14쪽.

44) 이인철, 『고구려의 대외정복 연구』, 서울: 백산자료원, 2000, 116~117쪽.

45) 추론의 근거가 자세하지는 않으나 다음 글들은 글쓴이와 같이 안악3호 무덤을
미천 임금의 무덤으로 보고 있다. 김용만, 『고구려의 발견 새로 쓰는 고구려
문명사』, 서울: 바다출판사, 1998, 159쪽 ; 張俲晶, 「3世紀 高句麗王의 平壤
移居와 王權强化」, 동국대학교 대학원 사학과 석사학위논문, 2000, 60쪽.

46) 『資治通鑑』 卷第102 「晉紀」24 海西公下 太和 5年 11月.

47) 鄭寅普, 『朝鮮史研究(下卷)』, 서울: 서울신문社, 1947, 228쪽.

48) 『晉書』 卷109 「載記」89 慕容皝, "句麗 百濟及宇文 段部之人 皆兵勢所徙
非如中國慕義而至 咸有思歸之心 今戶垂十萬 狹湊都城 恐方將爲國家深害
宜分其兄弟宗屬 徙于西境諸城 撫之以恩 檢之以法 使不得散在居人 知國之
虛實."

49) 이 백제를 고구려나 말갈 등 다른 세력으로 보는 견해도 있다.

50) 『晉書』 卷113 「載記」13 苻堅上 ; 『資治通鑑』 卷第104 「晉紀」26 烈宗孝武皇
帝上之中 太元 5年, "幽州治中平規曰……北總烏桓 鮮卑 東引句麗 百濟 控
弦之士不減五十餘萬……分遣使者徵兵於鮮卑 烏桓 高句麗 百濟 新羅 休忍

諸國."『진서』는 신라가 아닌 설라(薛羅)라고 하였다.

51) 『資治通鑑』 卷第104 「晉紀」26 烈宗孝武皇帝上之中 太元 2年 春.

52) 『海東繹史』 卷第16 「世紀」16 諸小國 休忍國. 이 글에 인용된 『대청일통지(大淸一統志)』에 따르면 휴인은 신라 동쪽에 있는 삼한의 한 나라로서 후에 백제에 병합되었다고 한다. 신라의 동쪽에 있으면서 백제에 병합될 수는 없으므로 착오인 듯하나, 한에 속한 나라 중 하나로 추측된다.
권중달은 휴인이 흑룡강 하류 지역에 있었다고 주석하였으나 근거는 밝히지 않았다. 사마광 지음, 권중달 옮김, 『자치통감(資治通鑑) (11) 진(晉)시대 (III)』, 서울: 도서출판 삼화, 2007, 361쪽 주) 140을 볼 것.

53) 본래 기록에는 낙랑으로 되어 있으나 백제의 잘못으로 보인다.

54) 강종훈, 「4세기 백제의 遼西 지역 진출과 그 배경」, 『韓國古代史硏究』 30, 2003, 8~11쪽.

55) 이종욱, 「『삼국사기』에 나타난 초기 백제와 풍납토성」, 『서강인문논총』 12, 2003, 125쪽 ; 윤근일, 「풍납토성 발굴조사 성과와 그 의의」, 『중원문화논총』 4, 2000, 324쪽.

56) 연합뉴스 2003년 6월 20일자.

57) 강세권, 「덕흥리무덤벽화에 보이는 유주의 성격」, 『북방사논총』 9, 2006.

6. 을불의 업적과 평가

을불의 업적

을불은 즉위 이래 적극적인 대외정책을 펼쳤다. 재위 3년 현도군 침공을 시작으로 12년에는 요동 서안평을 함락시켰다. 14년에는 낙랑군, 15년에는 대방군을 정복하였고, 16년에는 다시 한 번 현도군을 공파하여 주위의 군현들을 모두 압도하였다.

재위 20년에는 우문선비·단선비와 더불어 모용선비의 도성까지 진격하기도 하였으며 이후 계속하여 모용선비를 공격하였다. 모용선비 공략이 큰 성과를 얻지 못하자 후조와의 동맹을 통하여 모용선비 협공을 꾀하던 중 사망하였다.

을불의 재위 기간은 대략 세 시기로 구분할 수 있다.

제1기는 즉위 원년부터 재위 11년까지로(서기 300~310년) 앞으로 전개할 대외정책을 구상하고 전쟁 수행 능력을 향상시키기 위한 각종 노력이 행해졌던 기간으로 추정된다. 이 시기에 눈여겨볼 만한 업적은 재위 3년에 3만 군사를 동원한 현도군 공격인데 특히 을불은 원정을 직접 이끌어 성공적으로 마무리하였다.

제2기는 재위 12년부터 재위 19년까지(서기 311~318년)로 볼 수 있으며 이 시기에 주로 주변의 서진의 군현에 대한 원정이 이루어졌다. 요동 서안평의 탈취와 낙랑군과 대방군 정복은 이 시기에 이루어진 중요한 성과다.

재위 16년(서기 315년)에는 현도군을 재침하여 기진맥진한 현도군에 큰 타격을 주었다. 이로써 고구려 주변의 서진 군현들은 제거되거나 무력화되어 고구려를 견제할 능력을 상실하였다.

제3기는 재위 20년부터 재위 32년(서기 319~331년)까지로 이 시기에 을불은 모용선비에 대한 공세에 주력하였다. 주변 군현들을 압도한 을불은 다음 목표로 모용선비의 궤멸을 꾀하였다.

비록 결정적 성과를 거두지는 못했으나 우문선비·단선비와 연합하여 모용선비의 도성을 포위하였고 모용선비가 우문선비의 대군을 깨뜨린 뒤에도 흔들리지 않고 모용선비에 대한 공격을 모의한 최비를 받아들여 보호하고 연이어 모용선비를 공략하였다.

계속되는 군사적 공세에도 모용선비에게 결정적 타격을 주는 데 실패한 을불은 단독으로 모용선비를 공격하는 정책을 전환하여 다른 세력과의 동맹을 꾀하게 된다. 을불은 당시 화북에서 큰 세력을 형성한 후조에게 사절을 보내 이 동맹을 시도하나 을불의 사망과 함께 뜻을 이루지 못하였다.

끝내 모용선비를 멸망시키는 데는 실패하였으나 모용선비의 도 성을 포위하기도 하고 요동군 서안평, 낙랑군, 대방군을 정복하였으 며 현도군을 공파하는 성과를 올렸으니, 을불의 대외확장정책은 비교적 성공적이었다고 평가할 수 있다.

그렇다면 을불이 이처럼 적극적인 대외정책을 펼칠 수 있었던 원인은 어디에 있는가? 그것은 크게 대내적인 요인과 대외적인 요인 으로 나눌 수 있다.

고구려 대외팽창의 내부 요인

고구려 내적 측면에서 보았을 때 당시 고구려의 군주인 을불 자신 에게 대외확장정책에 대한 적극적인 동기가 있었고 여론도 이러한 정책을 지지하였으며 강화된 왕권은 이러한 정책의 추진을 뒷받침 하였다.

전 임금 상부가 실정으로 폐위되어 자살하고 상부의 제위 계승자 인 친아들도 모두 사망한 상태에서 을불이 임금의 조카로서 즉위하 였다고는 하나, 비정상적인 정변을 통해 즉위하였다는 사실은 군주 로서 지도력을 발휘하는 데 하나의 약점으로 작용할 수 있다. 게다가 어려서 궁을 나와 오랜 기간 머슴살이, 소금 행상 등을 하며 여항을 떠돌았으므로 을불의 통치 능력을 불신하는 여론도 있었을 것이다.

을불은 이러한 군주로서의 약점들을 빠른 시일 내에 이겨내어 자신의 권위를 강화하기 위해 의도적으로 대외확장정책을 추진하였을 것이다. 특히 서기 302년(재위 3년)에 실시한 현도군 원정은 이러한 성격이 두드러지는데, 을불 자신이 직접 군사를 이끌었다는 것은 자신의 권위를 향상시키고 자신에 대한 불신 여론을 잠재우려는 의도였을 것이다.

한편 고구려 내부 자체로도 어느 정도 안정이 이룩되자 공격적인 대외확장정책을 지향하는 여론이 일어났을 것으로 짐작된다. 동천 임금 시기 위나라의 침공으로 도성이 함락된 이후 방어적인 대외정책을 취해 왔던 고구려는 모용선비와 백제의 세력 확장에 따라 이를 견제해야 하는 상황에 직면하게 된다.

서천 임금 시기에 모용선비는 고구려의 이웃 나라인 부여를 대대적으로 침공하여 큰 타격을 주어 고구려를 위협하였고, 백제는 고구려의 남진에 적극적으로 대응하면서 두 세력은 서로 충돌하게 된다.

특히 고구려를 위협하던 모용선비가 봉상 임금 시기에 두 차례에 걸쳐 고구려를 침공하였다. 첫 번째 침공에서는 임금이 사로잡힐 위기에 처했으며, 두 번째 침공에서는 서천 임금의 무덤이 훼손되기에 이르렀다.

서진의 쇠퇴에 따른 모용선비의 세력 확대 및 백제의 성장 등 변화하는 국제정세는 고구려에게 더욱 능동적인 대외정책을 요구하였으며, 모용선비의 두 차례에 걸친 고구려 침공은 고구려 인민들로 하여금 대외확장정책의 필요성에 공감하게 만들었을 것이다. 특히 모용외에 의한 서천 임금 무덤 도굴 사건은 신성한 선왕의 무덤을 훼손한 행위로서, 이에 대한 복수가 을불의 적극적인 대외정책에 대한 지지로 이어졌을 것이다.

또한 당시 고구려의 강화된 왕권도 을불의 대외정책 추진에 긍정적인 영향을 주었을 것이다. 적어도 을불 이전에 고구려의 임금들은 태왕이라는 칭호를 사용한 것으로 보이는데, 이는 그만큼 높아진 임금의 위상을 반영하고 있다.

태왕 칭호의 확립

을불 재위 당시 고구려의 임금은 태왕이라고 불렸던 것으로 추정된다. 태왕(太王)이란 본래 황제라는 의미의 고구려식 표현이라고 할 수 있다. 사실 고구려의 군주는 건국 초부터 황제의 성격을 지니고 있었다. 대무신 임금은 부여에서 투항해 온 부여의 왕족을 왕으로 봉한 바 있다. 곧 대무신 임금은 왕을 거느린 왕, 황제였다고 할 수 있다.

조선시대에 만주에서 고구려의 임금을 황제라고 표현한 비문을 발견하였다고 하고[1] 근래에는 영락 이외에도 연수(延壽), 연가(延嘉), 영강(永康), 건흥(建興), 경(景) 등 독자적 연호가 고구려에서 쓰였음이 밝혀졌다.[2]

하지만 이 태왕이라는 칭호가 언제 어떻게 누구에 의해서 시작되었는지는 분명하지 않다. 다만 모두루(牟頭婁) 무덤에는 모두루의 선조인 염모가 활약하던 시기 고구려의 군주를 태왕이라고 기록하고 있다.[3]

또한 고자(高慈) 묘지명에 따르면 고자의 선조 고밀(高密)이 고구려가 모용선비(慕容鮮卑)와의 싸움에서 대패하여 나라가 위기에 처했을 때 공을 세워 왕으로 봉해진 것을 사양한 사실이 있다고 한다.[4] 염모나 고밀이 활동한 시기는 정황으로 보아 서천 임금에서 고국원 임금 사이가 틀림없으므로 당시 고구려가 태왕 체제를 유지하고 있었음을 알 수 있다.

고국원 임금이 태왕을 칭했을 가능성이 높은 것은 고국원 임금이 대외적으로 황제를 칭했다는 사실로도 뒷받침된다. 옛 중국의 사서 가운데『수서(隋書)』에는 고국원 임금이 소열제(昭烈帝)라고 칭했다는 기록이 있다. 그런데『수서』의 기록이 그 이전의 사서인『위서(魏書)』의 기록과 다른 점이 있어서『수서』의 것이 착오가 아닌가 하는 의견도 있다.

『위서』와『수서』의 기록을 비교해 보면 다음과 같다.

> 『위서』「고구려전」: "……이(利)의 아들이 쇠(釗)다. 열제(烈帝) 때에(利子釗 烈帝時) 모용씨와 더불어 서로 공격하였다. 건국 4년에 모용원진이 무리를 이끌고 (고구려를) 공격하여 남쪽의 좁은 길로 들어가 목저에서 싸워 쇠의 군사를 크게 깨뜨리고……"[5]

『**수서**』「**고려전**」 : "위궁(位宮)의 현손의 아들이 소열제(昭列帝)인
데 모용씨에게 패하여 (모용씨는) 드디어 환도에 들어가 그 궁실을
불사르고 크게 노략질하고 돌아갔다. 소열제는 뒤에 백제에게 죽었
다."6)

여기서 이(利)는 을불, 곧 미천 임금을 말하고 위궁은 동천 임금이
니7) 쇠 또는 소열제라고 기록한 사람은 고구려의 고국원 임금이
틀림없다.

『위서』는 위수(魏收)가 북제(北齊)의 임금의 명을 받아 펴낸 것이
고『수서』는 당의 임금 태종 이세민이 즉위한 지 얼마 되지 않아
그의 측근들인 위징(魏徵), 장손무기(長孫無忌) 등이 펴낸 사서다.

소열제가 단지 착오에 지나지 않는다고 하는 주장은『수서』「고려
전」의 저자가『위서』「고구려전」의 위 구절을 보고 쇠와 열제를
띄어 읽어야 하는데 잘못 붙여 읽어서 마치 쇠열제라는 사람이 있었
던 것처럼 오해하여 잘못 기록했다는 것이다. 곧 쇠는 고구려의
고국원 임금의 이름이고 열제는 북위를 세운 탁발규의 조상인 탁발
예괴로서 쇠와 열제는 서로 다른 사람인데 이를 고국원 임금의 칭호
가 쇠열제인 것처럼 잘못 이해하였다는 것이다. 또한『수서』「고려
전」의 저자는 쇠열제(釗烈帝)를 소열제(昭列帝)로 잘못 기록하기까
지 하였다고 한다.

물론 후대의 사서가 전대의 사서를 인용하는 과정에서 글을 잘못

쓰거나 빠뜨리는 것은 충분히 가능하며 실제로 그런 예가 많다. 그러나 좀더 조심스럽게 살펴보면 여러 가지 의문점들을 발견할 수 있다.

먼저 『수서』가 『위서』 이외의 다른 사료를 인용하였을 가능성은 전혀 없는 것인지 생각해 볼 수 있다. 현재까지 전해지지 않는 또 다른 사서의 존재 가능성은 얼마든지 있고 거기에 소열제에 대한 기록이 있었을 가능성도 있다고 생각한다. 그리고 『위서』와 『수서』의 기록은 한 눈에 보기에도 완전히 같지는 않아서 쉽게 오류가 일어날 수 있을까 하는 의심이 든다. 다시 말해서 적어도 『수서』의 저자는 『위서』의 기록(『위서』를 인용한 것이 사실이라면)을 기계적으로 베낀 것은 아니며 나름대로 앞의 기록을 검토하고 재구성하였다. 이런 상황에서 문맥을 파악하지 못했다는 것은 쉽게 이해할 수 없다. 또 『수서』가 『위서』의 기록을 인용하였다고 해도 '쇠'자와 '소'자는 소리는 비슷하지만 글자꼴이 크게 달라서 '소'자가 '쇠'자를 잘못 기록한 것인지도 의심스럽다.

이 문제에 대하여 『위서』가 뒤에 여러 번 고쳐지고 보충된 사실이 있고 탁발예괴 때 고구려와 모용선비가 싸운 일도 없다며 『위서』가 『수서』에 비해 신뢰성이 떨어진다는 견해도 있다.

『위서』는 비록 중국 역사에서 최초로 사관(정부 주도로 세운 사서 편찬 관청)을 두어 펴낸 역사서지만 당시는 아직 초창기여서 제도가 완비되지 않아 실제로는 거의 위수 개인의 저작이었다. 이에 비하여

『수서』는 사관제도가 확립되어 가는 당나라 초에 펴낸 것으로 사료의 진실성 여부는 제쳐두더라도 매우 조직적이고 치밀한 작업이 이루어졌을 것으로 보인다.[8]

또 『위서』가 과거에 더러운 사서라고 혹평을 받은 것에 비하여 오늘날에는 대체로 긍정적인 평가를 받고 있지만 여러 정권이 할거하고 있던 당시의 시대 상황 아래서 다른 정권들을 비난하는 정통론에서 자유로울 수 없었다는 것은 사실이다. 위수가 『위서』에서 북위의 전신인 대(代)국이 모용선비가 세운 연나라보다 약했음에도 연이 대에게 조공하였다고 기록한 것은 그 좋은 예라고 할 수 있다.[9]

하물며 동쪽의 이민족 정권이었던 고구려에 대한 위수의 객관적인 기록과 평가를 기대하기는 어려운 일이라고 하겠다. 요컨대 고구려의 고국원 임금이 설사 소열제라고 칭했다고 하더라도 『위서』에 그대로 실릴 수는 없었을 것이다. 자신을 높이고 상대를 낮추는 것은 어느 시대 어느 정권에서나 볼 수 있는 사서 편찬의 하나의 경향이라고 할 수 있겠으나 특히 화이론이 팽배한 중국 그리고 정통론에서 자유로울 수 없었던 시대의 사서 기록에서 이민족에 대한 기록을 읽을 때는 조심스러울 수밖에 없다.

그렇다고 『수서』가 고구려에 대하여 『위서』보다 더 객관적이고 긍정적인 평가를 내렸다고 주장하는 것은 아니다. 오히려 『수서』 편찬 시기 당나라의 고구려에 대한 감정은 이전보다 더욱 악화되어 있었을 것이다. 당은 수의 멸망을 중요한 역사적 교훈으로 받아들였고 당대에 사관제도가 확립된 것도 이와 무관할 수 없을 것이다. 따라서 처음부터 고구려의 칭제 사실이 있었다고 하더라도 옛 중국의 사서들에 그 사실이 실리기는 어려웠을 것이며 남조의 정권들까지 서슴없이 참진(僭晉) 거짓 진나라이니 도이(島夷) 섬 오랑캐라고 몰아붙였던 『위서』는 더더욱 어려웠을 것이다.10)

당은 당시 고구려와 적대관계였으므로 '소열제'가 사실이 아니라면 고구려에게 유리한 칭제 사실을 『수서』의 편찬자가 포함시켰을리 없다.11) 다시 말해서 이것은 당나라가 고구려와 심각한 적대관계에 있음에도 『수서』 「고려전」의 편찬자가 고구려가 황제를 칭한 것을 자연스런 사실로 받아들였다는 것을 뜻한다.12)

따라서 고국원 임금은 밖으로는 황제를 칭하고 안으로는 태왕을 칭했다고 볼 수 있다. 결국 태왕이란 칭호는 고국원 임금 시기에는 분명히 사용되었다고 생각되는데 당시 고구려는 모용선비와 백제의 공세에 밀리는 형세였을 뿐 아니라 모두루 묘지명 및 고자 묘지명의 태왕을 서천 임금, 봉상 임금13) 등으로 보는 견해가 있으므로 고국원 임금이 태왕 칭호를 처음 사용했다고 보기는 어려우며 적어도 고국원 임금의 아버지인 을불 시기에는 태왕 칭호가 확립된 것으로 추정된다.

고구려에는 건국 초기부터 '나(那)'라는 반독립적인 특권세력이 존재하였는데 연나(掾那), 비류나(沸流那), 관나(貫那), 환나(桓那), 제나(提那) 등이 그들이었다. 졸본 지역에 세력 기반이 없었던 추모(주몽)는 토착 세력을 정복 회유하는 과정에서 여러 나에게 반독립적 특권을 인정해 줌으로써 토착 세력의 지지와 복속을 이끌어낼 수 있었다.

그러나 이들은 점차 세력을 확장하여 종실 사이의 제위 계승에 관여하거나 반란을 일으키는 등 왕권을 견제하거나 때로는 위협하기도 하였으며 중앙 요직을 장악하여 자신들의 사적 이익을 도모함으로써 고구려의 발전에 부정적 영향을 주었다.

이들 여러 나 가운데 대표적인 것이 비류나인데, 고구려 시조 추모가 고구려를 세우기 이전부터 졸본 지역을 지배했던 토착 세력이었다. 비류나가 고구려에 정복된 이후에도 비류나의 통치자였던 송양의 지배권은 추모에 의해 그대로 인정되었으며, 송양의 딸이 2대 유류(유리) 임금과 혼인함으로써 비류나는 한때 고구려의 외척이라는 지위까지 손에 넣기도 하였다.

연나 출신인 명림답부가 차대 임금을 살해하고 신대 임금에 의하여 국상에 임명됨으로써 연나 또한 고구려 정계에서 중요한 자리를 차지하였다. 연나는 고국천 임금 시기에 모반을 기도하였음에도 연나의 명림 씨는 서천 임금 시기까지 국상이나 부마도위와 같은 중요한 지위를 차지하였다.

그러나 연나의 반란을 진압한 것을 계기로 하여 고국천 임금은 임금의 직할령인 중앙의 5부 출신으로 추측되는 을파소를 국상으로 등용하여 개혁을 단행함으로써 나의 위세는 한풀 꺾이게 되었다.

이후에도 연나 또는 비류나 출신이 국상의 지위를 차지하기도 하였으나 을불의 바로 전대인 봉상 임금 시기에 중앙의 남부 대사자 창조리가 국상에 임명됨으로써 5부의 지위는 확고해지게 된다.[14]

이것은 그동안 특권을 누리며 강대한 세력을 자랑하던 연나와 비류나 등 여러 나 세력이 몰락하고 있음을 의미한다. 이 같은 나의 몰락과 5부의 부상은 곧 왕권의 강화를 의미하며 이것이 태왕 칭호가 등장하는 배경이라고 생각된다. 이렇게 강화된 왕권은 을불이 강력한 대외정책을 추진하는 데 중요한 버팀목의 기능을 하였다.

정변에 의한 즉위라는 특수한 상황 또한 을불의 대외확장정책에 긍정적으로 기능하였을 것이다. 흔히 정변에 의해 임금이 교체되면 정변세력에게 비정상적으로 권력이 집중되어 오히려 정치 혼란을 불러오는 경우도 있다. 명림답부의 차대 임금 살해와 신대 임금 옹립의 경우, 명림답부가 소속된 연나 세력을 강화시킴으로써 연나의 반란이 일어나는 등 고구려의 내부 혼란을 일으키기도 하였다.

하지만 을불을 옹립한 세력은 남부의 창조리를 중심으로 한 임금의 직할령인 중앙의 5부 세력으로, 이들의 집권은 오히려 왕권을 강화하는 기능을 함으로써 기존의 나와 같은 특권 세력의 약화를 초래하였다고 생각된다.

연나 출신이나 우씨가 아닌 주씨가 왕후로 선택된 것 또한 이 같은 배경 아래에서 이루어진 것이며, 이것은 외척 세력의 약화를 불러와 반대로 임금의 권력을 강화하는 작용을 하였던 것이다.

고구려의 군사력 강화

한편 을불은 대외팽창 정책의 원활한 수행을 위해 군사력 강화에
도 힘을 기울였던 것으로 보인다.15) 이에 대한 기록은 남아 있지
않으나 여러 유물과 유적을 통해 이 같은 노력의 일부를 추측할
수 있다.

4세기 전반의 무덤으로 추정되는 감신(龕神)무덤의 앞방 서벽
행렬도에서 갑옷을 입고 있는 군사의 모습을 볼 수 있는데 이 인물이
쓰고 있는 투구는 고구려의 철제 종장판주로 추측된다.16) 종장판주
란 여러 매의 좁고 긴 판을 이어 만든 투구를 말하는데, 이러한
형식의 투구는 고구려와 만주 그리고 남한의 영남지방에 분포한다.

서기 4세기 중엽에 축조된 것으로 보이는 안악3호 무덤의 벽화를
통해 우리는 상당히 우수한 수준의 무장을 한 고구려 군사의 모습을
볼 수 있다.

그런데 고국원 임금이 모용황의 침입을 받고 백제와의 전투에서
패배했기 때문에 당시 고구려군은 안악3호 무덤의 벽화와 같은 상태
로 무장하지 않았다는 주장이 있다.17) 하지만 앞서 밝힌 것처럼
고국원 임금이 모용황에게 패배한 것은 전술적인 실수가 큰 원인이
다. 백제와의 전투에서 고구려가 패배한 것은 당시 고구려가 백제와
의 전투에만 집중할 수 없었던 국제 정세 등 여러 가지 요소가 고구려
에게 불리하게 작용한 결과라고 볼 수 있고, 고국원 임금이 전사하였

기 때문에 백제의 승리가 과장된 측면이 있다.

고국원 임금 재위 말년에 고구려와 백제는 세 차례 충돌하게 되는데 첫 번째 전쟁은 서기 369년(고국원 임금 39년) 9월, 고구려가 2만 군사로 백제를 공격한 것이다. 이때 고구려는 세력을 확장하고 있던 백제를 견제하기 위해 선제공격을 단행한 것으로 보이는데 당시 고구려는 백제와의 전쟁에 다수의 정예군을 동원할 수 있는 형편이 아니었다.

전연이 동진의 침공을 받아 부견의 전진에게 원병을 요청해야 할 정도의 위기에 몰려 있는 상황이기는 하였으나, 9월에 모용수가 동진의 군을 대파함으로써 전세가 다시 전연에게 유리하게 돌아가고 있었다. 따라서 고구려는 정예군을 백제전에 투입하기 어려웠다. 실제로 당시 고구려의 군사 대부분은 잘 훈련된 병사가 아니었고 오직 붉은 깃발을 든 소수의 군사만이 정예병이었다.

더구나 이러한 사실이 백제인으로서 고구려에 투항했던 사기(斯紀)라는 자에 의해 백제 측에 알려짐으로써 고구려는 패배할 수밖에 없었다. 하지만 백제는 크게 승리를 거두었음에도 고구려군을 끝까지 추격할 수 없었다.

이후 서기 371년(고국원 임금 41년) 고구려는 다시 백제를 선제공격을 하는데, 바로 전해에 전연이 멸망하였기 때문에 서부 변경에 대한 부담을 덜게 된 고구려가 백제를 견제하기 위해 재공격을 실시한 것이라고 추측된다.

이때에도 고구려는 패하(浿河)에서 백제의 매복 기습 공격에 걸려 패배하였다. 하지만 이때 고구려의 병력 규모나 자세한 피해 상황은 알려져 있지 않다. 비록 당시가 고구려의 적대국인 전연이 멸망한 이후라고는 하나 중국의 정세가 급격히 변화하고 있던 상황이니만큼 이번에도 고구려가 백제와의 전쟁에 온전히 군사력을 집중하기는 곤란하였을 것이다. 서기 369년 9월만 해도 다시 세력을 회복하고 있는 것처럼 보이던 전연이 얼마 지나지 않아 급격히 몰락한 것만 보아도 당시 중국의 정세는 하루 앞을 예측하기가 어려운 형편이었다.

백제는 이해 10월, 3만의 군사로 고구려의 평양성을 공격하게 되는데 이때 사유는 백제군의 화살에 맞아 사망하였다. 이 전쟁에서 사유가 목숨을 잃었다고는 하지만 이것은 사유가 앞서서 전투를 독려한 때문이 크다. 게다가 백제는 더 이상의 성과 없이 퇴각하였으며 이 전쟁은 백제의 패배였을 가능성도 있다.[18]

사실 전쟁의 승패는 복합적인 원인에 의해 결정되기 때문에 전쟁 결과의 승패만으로 전쟁 주체의 무장 수준을 판단하는 것은 합리적이라고 보기 어렵다. 게다가 특별한 이유 없이 고구려 사람들이 벽화에 당시의 모습을 남기면서 군사들의 무장을 거짓으로 그렸다는 것은 이해할 수 없다.

물론 안악3호 무덤 벽화에 묘사된 고구려 군사의 모습은 을불 사망 이후의 상황을 보여주지만 일정 부분 을불 시기의 군사력 강화

노력의 성과라고 볼 수 있을 것이다.

　이제까지 발견된 유물을 통해 볼 때 고구려 지역에서 갑주가 본격적으로 사용되기 시작한 것은 4세기 이후라고 한다. 이것은 을불 시대를 기점으로 하여 갑주의 생산량과 보급률이 증가하기 시작했음을 의미하는 것으로, 을불 시대의 군사력 강화와 밀접한 관련이 있을 것이다.

　안악3호 무덤 벽화에서 특히 인상적인 것은 목가리개를 두르고 마갑까지 갖춘 완전무장한 기병의 모습이다. 말에까지 철제 갑옷을 장착하는 것은 기병의 방어력 및 돌파력을 높이기 위한 것으로서, 고구려에서는 이미 서기 246년(동천 임금 20년)에 철갑을 두른 기병 곧 철기를 활용했다는 기록이 있다. 또한 황해남도 장수산성과 강원도 철령에서는 3세기의 것으로 추정되는 개마 모형이 출토되기도 하였다.[19] 이것으로 고구려에서 말이 철제 갑주로 무장하게 된 것은 서기 3세기 전반 이전부터였음을 알 수 있다.

　중국에서 철갑기병(중장기병)의 등장은 후한 말에서 삼국시대에 걸친 기계식 활인 쇠뇌의 보급에 따른 기병의 중무장화와 관련이 있다고 하는데[20] 중국에 철갑기병이 도입된 것이 4세기부터라고 하므로[21] 고구려의 철갑기병은 동북아시아에서 매우 이른 것이다.

　4세기 모용선비의 무덤에서는 목가리개나 마갑과 같은 갑주와 마구가 출토되기 시작하는데[22] 모용선비와의 투쟁이 격화됨으로써 고구려에서는 우수한 갑주로 무장한 철기의 중요성이 증대되었을

것이다. 을불은 이러한 시대적 요청에 따라 철기의 육성에 힘을
기울였을 것으로 보인다.

현재 고구려의 마갑은 벽화를 통해서만 살펴볼 수 있는데 남한
지역에서는 여러 개의 실물 유물이 발굴되어 고구려의 마갑을 추정
하는 데 도움을 주고 있다. 함안의 마갑 무덤에서는 291센티미터의
말갑옷이 출토되었고 동래 복천동 등에서 말투구가 발견되었다.

갑주의 생산량과 보급률 증가 및 질 좋은 갑주의 제작은 고구려
군사문화의 우수성뿐만 아니라 당시 고구려의 철 생산량의 증가,
단조기술의 발전 등을 간접적으로 증명하는 것이다.

이것은 또한 고구려의 높은 경제 수준을 짐작하게 하는데 을불이
머슴살이를 했던 집주인 음모와 같은 부유한 농민의 출현, 소금
행상을 하는 을불의 모습에서 당시 고구려의 경제가 활발하게 움직
이고 있음을 알 수 있다.

이 같은 경제의 발전은 철제 농기구와 가축의 농사 이용 등의
확대보급에 따른 농업생산력의 증대로 인한 것으로 추정되며, 평안
남도 및 황해도 지역 등 평야지대에 대한 관심은 이 같은 농업생산력
의 증대와 관련된 것임을 짐작할 수 있다.[23]

한편 중장 기병의 등장과 관련하여 주목되는 것이 등자다. 등자는
기수가 승마를 할 때 발을 디디는 도구로서 기수가 말 위에서 균형을
잡을 수 있도록 도와주는 기능을 한다.

따라서 등자는 미숙련된 병사라도 고속으로 달리는 말 위에서

202

무기를 보다 효율적으로 사용할 수 있도록 도와준다. 뿐만 아니라 등자는 기수 자신과 말의 체중을 함께 실어 상대방에게 타격을 가할 수 있게 하는 장치다.24) 다시 말해서 등자는 단순한 승마용 보조 기구가 아니라 기병으로 하여금 전례 없는 전투력을 발휘할 수 있도록 하는 중요한 전투용 마구라고 할 수 있다.

등자의 기원에 관해서는 흉노, 투르크, 스키타이 등 여러 가지 견해가 있으나 등자를 군사적 목적 하에 본격적으로 사용한 이들은 동북아시아의 고구려와 모용선비인 것으로 보인다.25) 모용선비의 등자는 가장 이른 것이 3세기 말에서 4세기 초까지 올라가는데 고구려에서 이보다 앞선 시기인 늦어도 서기 3세기에는 등자를 사용하였다는 주장이 있다.26)

고구려의 등자 사용 시기에 대해서는 아직 논란이 있으나 고구려가 일찍부터 선비족의 일부를 부용으로 삼는 등 고구려와 선비족 사이에는 밀접한 관계가 있었으므로 등자의 최초 사용자가 모용선비라고 해도 고구려에 등자가 알려진 시기는 모용선비보다 크게 늦지는 않을 것이다.

안악3호 무덤이나 5세기 초에 축조된 덕흥리 유주자사 진 무덤의 벽화에서는 기병이 등자를 사용하는 모습을 볼 수 없다고 하여 고구려에 등자가 등장한 시기를 이보다 늦추어 보는 견해도 있지만 숙련된 기수의 경우 등자 없이도 전투가 충분히 가능하다고 하므로 기병이라고 등자가 반드시 필요했다고는 볼 수 없겠다.

더구나 안악3호 무덤의 벽화그림은 전투 장면을 묘사한 것이 아니므로 벽화에 등자가 보이는가 보이지 않는가의 문제는 실제 등자의 사용과는 별로 관련이 없다고도 할 수 있다.

그런데 등자가 언뜻 숙련된 기수에게는 크게 유용하지 않아 보일 수도 있으나 등자를 이용할 경우 기병의 돌파력이 증가할 뿐 아니라, 등자가 숙련되지 못한 자라도 승마를 쉽게 할 수 있도록 도와주는 기능이 있기 때문에 등자의 도입은 빠른 시간 안에 대량의 기병을 육성하는 데 유용하다고 한다.27)

고구려에서는 등자가 늦어도 4세기 초에는 사용되었을 것으로 추정되는데 이 시기는 고구려가 모용선비와 본격적인 공방전을 벌이기 시작하는 을불의 재위 초라는 점을 생각할 때, 을불의 재위 기간에 모용선비에 대항하기 위한 기병 육성을 위해 등자의 보급이 이루어졌을 가능성이 있다.28)

이후 고구려의 등자는 약 5세기 중반 고구려와 친선 관계에 있던 유연 제국에 의해 남시베리아로 전해진 뒤, 유연의 서진에 따라 유럽에 알려진 것으로 추측된다.29)

여기서 우리가 눈여겨보아야 할 것은 유럽에 전해진 등자가 유럽 역사에 매우 중대한 영향을 끼치게 된다는 점이다. 앞서 설명한 것처럼 등자는 중요한 전투용 마구다. 안장 머리와 안장 꼬리에 의해 앞뒤 방향의 지탱력이 생기고 등자에 의해 좌우 지탱력이 생기게 되어, 말과 기수는 등자에 의해 일체가 됨으로써 전례 없는 전투력을 발휘하게 된다.

곧 등자는 인간의 에너지를 축력으로 대치시킴으로써 전사의 살 상력을 높여 기마충격전이라는 혁명적인 전투방법을 가능하게 하였 다. 이 기마충격전이라는 새로운 전투방법의 필요에 따라 새롭고 매우 전문화된 방법으로 전투를 할 수 있도록 토지를 받는 전사 귀족이 지배세력으로 서유럽에 등장하고 이것이 유럽 봉건사회 성 립에 주요 원인이 되었다고 한다.[30]

고구려 대외팽창의 외부 요인

대외적인 요인으로는 서진의 내부 혼란으로 인한 세력 약화를 들 수 있겠다.

서진은 사마염의 사망 이후 가후의 폭정이 기폭제가 되어 권력을 가진 여러 왕들이 권력 장악을 위해 16여 년 동안 내란을 벌임으로써 빠르게 몰락하게 된다. 특히 각 왕들은 내란의 와중에 자신들의 군사력을 강화하기 위해 여러 이민족 세력을 끌어들였는데 이들 이민족들이 거듭되는 전투 속에서 자신들의 세력을 자각하고 끝내 는 독자적 정권을 수립함으로써 서진 세력을 양자강 남쪽으로 밀어 내고 화북 지역을 차지하였다.

이 같은 서진 정권의 붕괴는 곧 변방 군현들의 약화를 불러왔고 을불은 이러한 기회를 적절히 활용하였다. 서기 302년에 이루어진 현도군 원정은 이른바 8왕의 난이라고 하는 서진 제왕들의 내란의 와중에 이루어진 것이며, 서기 311년의 요동군 서안평 점령은 서진의 낙양이 흉노족이 세운 한나라에 의해 함락된 직후에 이루어진 것이다.

당시 요동군은 중앙 권력의 지원을 받을 수 없는 상태에서 선비족의 침탈해 시달리고 있어 고구려의 침공에 제대로 대응할 수 없는 상황이었다. 이후 화북 일대는 여러 이민족 세력의 각축장이 되었고 이를 기회로 을불 또한 주위의 군현들을 붕괴시키고 모용선비를 압박하여 세력 확장을 시도했던 것이다.

을불의 한계

낙랑군 및 대방군의 정복, 현도군의 공파, 서안평 함락 등 여러 성과를 올렸음에도 최종적으로 모용선비를 괴멸시키지 못한 것은 을불의 한계로 지적될 수 있다. 안팎의 유리한 조건과 을불 자신의 지속적인 공략에도 끝내 모용선비를 무너뜨릴 수 없었던 원인에는 어떠한 것이 있을까?

먼저 고구려 내부에서 보면 봉상 임금 시기에 일어난 여러 자연재해와 이 와중에 이루어진 무리한 공역이 고구려의 내적 역량을 상당 부분 감소시켰다는 점을 지적할 수 있다. 을불 즉위 후 10년 동안 기록에 남아 있는 원정이 단 한 차례뿐이라는 사실은 고구려가 국력을 회복하는 데 상당한 시간을 필요로 했으리라는 추정이 가능하다. 또한 을불이 모용선비에 대한 본격적인 공세를 시도하기 전에 서진의 군현에 대한 공격에 군사력을 소모할 수밖에 없었다는 것도 중요한 실패 요인 가운데 하나로 볼 수 있다.

위와 같은 원인으로 인하여 모용선비에 대한 고구려의 공세 시기는 늦추어질 수밖에 없었고 그 기간 동안 모용선비는 체제 정비와 세력 확대 등 국력을 향상시킬 수 있는 충분한 시간을 가질 수 있었다.

모용선비는 고구려보다 서진 가까이에 자리하고 있다는 지리적 이점을 십분 활용하여 서진의 유민들에 대해 적극적인 포섭정책을 취하였는데 이로 인하여 서진 동북 지역의 인적·물적 자원의 상당 부분을 흡수할 수 있었다. 모용선비가 급격히 성장할 수 있는 바탕이 여기에 있었으며, 반면 고구려는 모용선비에 의해 서진의 자원을 흡수할 기회를 차단당하여 서진의 붕괴에 따른 이익이 크지 않았다.

따라서 모용선비를 타도하기 위해서는 신속한 공세가 필요하였는데 을불은 고구려의 내부 정비와 서진의 군현 공략 등으로 모용선비에 대한 공세를 늦추게 되어 결정적 공격의 기회를 잃어버렸던 것이다. 이 밖에도 당시 모용선비를 이끈 모용외, 모용한, 모용황 등은 모두 뛰어난 재능과 지혜를 겸비한 우수한 인재들로서 을불로서도 쉽게 이길 수 있는 상대가 아니었다.

하지만 을불에게는 이러한 결점을 만회할 수 있는 기회가 있었는데, 바로 극성 진공이다. 을불은 최비의 제안에 따라 우문선비, 단선비와 함께 모용선비를 무너뜨릴 경우 그 영토를 세 나라가 나누어 갖기로 약속하고 극성으로 진격, 포위하였다.

그러나 이 연합공격은 모용외의 책략으로 인해 끝내 좌절되었다. 모용외는 세 나라 사이에 믿음이 강하지 못한 것을 알고 우문선비에게 선물을 보내어 마치 우문선비가 고구려와 단선비를 배반한 것처럼 일을 꾸며 삼국의 동맹을 무너뜨렸다. 결국 고구려와 단선비는 우문선비의 배신을 의심하여 철군하였다.

당시 연합한 세 나라의 군세는 수십만을 넘었고 사기도 높았으므로 포위공격을 중단하지 않았더라면 모용선비를 멸망시킬 가능성이 컸음에도 고구려는 철군을 단행함으로써 천재일우의 기회를 잃어버렸던 것이다. 극성 포위공격의 중요성을 생각할 때, 을불은 고구려군의 철수에 대해 좀더 신중하게 판단했어야 했다. 우문선비에게만 선물을 보낸 모용외의 책략은 분명 교묘한 것이었지만, 을불이 차분하게 진상을 파악해 보려고 했다면 결코 깨뜨릴 수 없을 만큼 완벽한 책략이었다고는 생각하기 어렵다.

결국 극성 포위공격을 포기함으로써 을불은 모용선비를 무너뜨릴 수 있는 마지막 기회를 잃어버린 것이다.

모용선비를 제거하지 못한 결과 을불 사후 고구려는 모용선비에게 도성을 함락당해 막대한 인적·물적 자원을 빼앗겼을 뿐만 아니라 이후 수십 년 동안 모용선비에게 가로막혀 세력 확장의 기회를 차단당함으로써 고구려 발전에 부정적인 영향을 주었던 것이다. 고구려가 제국으로 도약하는 데 발판을 마련한 이는 다름 아닌 을불 자신이었지만 그 성과에는 이와 같은 한계가 존재하였다.

중흥의 군주 을불

물론 모용선비에 대한 군사적 실패 때문에 을불이 이루어낸 모든 정복사업의 성과를 폄하하는 것은 옳은 일이라고 할 수 없다. 을불의 대외확장정책에 비판적이었던 조선의 역사가 안정복조차도 을불이 낙랑군과 대방군을 무너뜨리고 요동군과 현도군을 깨뜨린 사실 자체는 인정할 수밖에 없었다.[31] 을불은 선비를 물리치고 영토를 확장하여 고구려를 중흥시킨 군주[32]로서 을불로 인하여 고구려는 위만조선이 서한에 무너진 지 약 4백여 년 만에 그 영토를 모두 회복하게 되었던 것이다.

을불은 본래 고귀한 신분으로 태어났다. 을불의 아버지 돌고는 임금의 동생이었으므로 장래에 제위에 오를 가능성도 있었다. 그러나 그 때문에 그의 아버지는 반역 혐의를 받아 살해되었고 을불 자신까지 살해의 위험을 피해 쫓기는 몸이 되었다.

궁을 탈출하기 전까지는 편하고 호사스런 생활을 하였을 을불은 궁에서 나온 뒤로는 누구의 도움도 없이 혼자서 머슴살이, 소금행상 등을 하면서 살아남았다. 이후 갑작스런 정변으로 기적같이 되돌아

와 임금으로 즉위한 후 편한 생활에 안주할 수 있었음에도 고구려의
통치자이며 지도자라는 무거운 책무를 물리치지 않고 훌륭하게 그
것을 해내었다.

　비록 임금의 손자로 궁에서 태어났다고는 하나 어린 시절의 대부
분을 곤궁한 서민으로 살았으며, 어린 소년의 몸으로 갑자기 태왕
자리에 올랐다는 것을 생각할 때 이는 분명 을불 자신의 뛰어난
통치자적 자질을 보여준다. 물론 을불의 대외확장정책이 성공한
데에는 서진의 쇠퇴와 고구려 특권 귀족세력의 약화, 고구려 민중의
헌신적인 노고와 같은 대내외적인 긍정적인 요인이 작용한 것이
사실이다. 그러나 아무리 좋은 기회라고 해도 그것을 놓치지 않으려
는 개인의 의지가 없다면 아무 의미가 없을 것이다.

　만일 봉상 임금 상부가 계속 재위하고 있었다고 해도 고구려가
대외확장사업을 성공적으로 수행할 수 있었을까? 상부는 군주의
권위를 높이는 사업에 관심을 기울였고 급변하는 대외정세에는 소
극적으로 대처하였으므로 그것은 아마도 어려웠을 것이다.

　안정복은 을불에게 덕(德)이라고 할 만한 업적이 없고 전쟁만
일삼았다고 비판하였지만 우리에게 남은 기록이 너무나 적은 관계
로 안정복의 판단에 쉽게 동의하기가 어렵다.

　을불이 선정을 펼쳤는지 어땠는지는 지금으로서는 확인할 방법
이 없으나 분명 을불에게는 통치자로서의 재능이 있었다. 을불은
자신의 옥좌를 지키기 위한 개인적인 욕망이 가장 중요한 목적이었

다고 해도 군주에게 보장된 평안한 삶에 머물지 않고 상당 부분 자신의 의지에 의해 대외정책을 수행하였고 상당한 성과를 이룩하였다.

그것은 분명 다른 누구도 아닌 을불 자신의 선택이었으며 이 시기 고구려가 이루어낸 많은 성과들이 을불의 이 같은 선택에 의한 것이었음을 부정할 수는 없다. 오늘날 남아 있는 얼마 되지 않는 사료를 종합해볼 때, 확실히 을불은 매우 적극적이고 의지가 강한 지도자였다. 을불의 혈통 속에서 한국 역사상 가장 위대한 정복군주인 광개토호태왕이 태어난 사실은 결코 우연만은 아닐 것이다.

1) 申采浩,『조선 상고사(Ⅰ)』, 서울: 일신서적출판사, 1990, 29쪽.

2) 정운용,「金石文에 보이는 高句麗의 年號」,『韓國史學報』5, 1998.

3)「牟頭婁墓誌銘」, “聖太王之世.”

4)「高慈墓誌銘」, “賜封爲王 三讓不受.”

5)『魏書』卷100「列傳」88 高句麗, “……利子釗 烈帝時與慕容氏相攻擊 建國四年 慕容元眞率衆伐之 入自南陝 戰於木底 大破釗軍…….”

6)『隋書』卷81「列傳」46 東夷 高麗, “位宮玄孫之子曰昭列帝 爲慕容所破 遂入丸都 焚其宮室 大掠而還 昭列帝後爲百濟所殺.”

7) 사마광 지음, 신동준 역주,『사마광 資治通鑑 삼국지(하)』, 서울: 살림, 2004, 175쪽 주 56)에서 역자는 위궁이 동천 임금이 아니라 태조 임금의 이름이라고 하면서 이를 사마광의 착각이라고 하였으나, 태조 임금의 이름은 궁이며 동천 임금의 이름은 위궁이 옳다.

8) 高國抗 지음, 오상훈·이개석·조병한 옮김,『중국사학사(상)』, 서울: 풀빛, 1998, 237·289쪽.

9) 池培善,『中世東北亞史研究』, 서울: 一潮閣, 1986, 99쪽.

10) 高國抗 지음, 오상훈·이개석·조병한 옮김,『중국사학사(上)』, 서울: 풀빛, 1998, 237~238쪽 ; 양종국,『中國 史料로 보는 百濟』, 서울: 서경, 2006, 25쪽.

11) 손영종,『고구려사의 제문제』, 서울: 신서원, 2000, 173쪽.

12) 윤상열,「고구려 中期 天下觀의 推移」,『高句麗渤海研究』30, 2008, 21~23쪽. 윤상열도 칭제 가능성을 인정한다.

13) 李道學,「集安 地域 高句麗 王陵에 관한 新考察」,『高句麗渤海研究』30, 2008, 98쪽.

14) 琴京淑,『高句麗 前期 政治史 研究』(民族文化研究叢書 89), 서울: 高麗大學校 民族文化研究所, 2004, 192~200쪽.

15) 姜仙,「고구려와 전연(前燕)의 관계에 대한 고찰」,『高句麗研究』11, 2001, 11쪽.

212

16) 宋桂鉉,「韓國 古代의 甲冑」,『한국고대의 갑옷과 투구』, 국립김해박물관, 2002, 67쪽.

17) 이인철,『고구려의 대외정복 연구』, 서울: 백산자료원, 2000, 258쪽.

18) 임용한,『전쟁과 역사 삼국편』, 서울: 혜안, 2002, 80쪽.

19) 朴仙姬,「열국시대의 갑옷」,『檀國史學會 史學志』33, 2000, 26~27쪽.

20) 이인철,『고구려의 대외정복 연구』, 서울: 백산자료원, 2000, 269쪽. 철갑기병의 출현과 관련이 있는 쇠뇌가 경북 영천 용전리의 서력기원 전후 시기 유적에서 좋은 상태에 형태도 정형화된 것이 출토되었는데 이는 남북한 지역에서도 쇠뇌가 일찍부터 사용되었음을 보여준다(『한겨레신문』2004년 4월 5일자).

21) 크리스 피어스 지음, 황보종우 옮김,『세계전쟁사002 전쟁으로 보는 중국사』, 서울: 수막새, 2005, 102쪽.

22) 朴洋震,「중국 동북지방의 鮮卑 무덤 연구」,『百濟研究』32, 2000, 16~20쪽 ; 강현숙,「고구려 고분에서 보이는 중국 삼연 요소의 전개과정에 대하여」, 『韓國上古史學報』51, 2006, 109쪽.

23) 김용만,『고구려의 발견 새로 쓰는 고구려 문명사』, 서울: 바다출판사, 1998, 149~151쪽.

24) 린 화이트 주니어 지음, 강일휴 옮김,『중세의 기술과 사회변화』, 서울: 지식의 풍경, 2005, 17~18쪽.

25) J. C. 블록 지음, 과학세대 옮김,『인간과 가축의 역사』, 서울: 새날, 1996, 158~160쪽 ; 린 화이트 주니어 지음, 강일휴 옮김,『중세의 기술과 사회변화』, 서울: 지식의풍경, 2005, 31~36쪽 ; 강인욱,「고구려 등자의 발생과 유라시아 초원지대로의 전파에 대하여」,『북방사논총』12, 2006, 161~163쪽.

26) 강인욱,「고구려 등자의 발생과 유라시아 초원지대로의 전파에 대하여」, 『북방사논총』12, 2006, 168~171쪽 ; 李亨求,『까치東洋學10 韓國古代文化의 起源』, 서울: 까치, 1991, 222~225쪽.

27) 徐榮敎,「고구려 기병과 鐙子-고구려고분벽화 분석을 중심으로-」,『歷史學報』181, 2004, 40~51쪽.

28) 孫璐,「동북아시아 3~6세기 등자 고찰」, 전남대학교 대학원 인류학과 석사학위논문, 2009, 81쪽 ; 강인욱,「고구려 등자의 발생과 유라시아 초원지대로의 전파에 대하여」,『북방사논총』12, 2006, 168~171쪽.

29) 강인욱, 「고구려 등자의 발생과 유라시아 초원지대로의 전파에 대하여」, 『북방사논총』 12, 2006, 179~187쪽.

30) 린 화이트 주니어 지음, 강일휴 옮김, 『중세의 기술과 사회변화』, 서울: 지식의 풍경, 2005, 18·55쪽.

31) 『東史綱目』 第2上 高句麗 美川王 32年 春2月.

32) 申采浩, 『조선 상고사(Ⅰ)』, 서울: 일신서적출판사, 1990, 204쪽.

닫는 글_ **최후의 승자**

이합집산

전연은 멸망 당시 전체 인구가 무려 1천만에 이르렀다고 하는데, 그 영토는 하북, 산서, 산동, 하남, 요령 일부에 미쳐[1] 화북의 거의 절반을 차지하고 회수(淮水)에서 동진과 대치하고 있었다.

이는 마치 전연이 중국 대륙을 전진, 동진과 함께 셋으로 분할하고 있는 형세였다. 하지만 이렇게 강성함을 자랑하던 전연도 결국 호시탐탐 기회를 노리던 전진에게 무너져 역사 속으로 사라졌다.

전진은 저족(氐族)이 세운 나라였다. 저족은 낙양 주위에 자리하고 있었는데 부건(苻健)이 서기 351년 나라를 세워 장안에 도읍하였다. 전진의 임금 부견(苻堅)은 5호의 통치자 가운데 가장 훌륭한 군주로 유학을 존중하여 덕치를 행하였으며[2] 그를 보좌한 한족 왕맹(王猛) 또한 책략이 뛰어나고 사람됨이 청렴하여 나라가 잘 다스려지니 전진의 국력은 자연히 강성해졌다.

　반면 전연은 모용준이 사망한 후 모용위(慕容暐)가 어린 나이에 즉위하자(서기 360년) 모반과 반란 등 내분이 일어났고 곧이어 탐욕스럽고 지략이 부족한 모용평(慕容評)이 정권을 잡아 정치가 어지러워졌다.

　동진이 북으로 진격해 오자 전연은 이를 감당할 수 없어 전진에 원병을 요청하기까지 하였으나 모용황의 다섯째 아들로서 뛰어난 장수였던 모용수(慕容垂)의 활약으로 동진을 겨우 막아낼 수 있었다. 그러나 모용수는 자신의 명성을 시기한 모용평의 위협을 피해 전진으로 망명할 수밖에 없었다. 이는 전연이 자신의 허점을 전진에게 보인 것이었다. 평소 통일을 꿈꾸었던 부견이 이러한 기회를 놓칠 리 없었다.

　전진은 군사를 동원하여 서기 369년(태화太和 4년), 낙양을 점령하고 그 이듬해인 서기 370년(태화 5년)에 업을 함락하였다. 이로써 전연은 멸망하고 모용위는 도망치다 사로잡혔으며 모용평은 앞서 설명한 것처럼 고구려로 도망쳤다가 잡혀서 전진으로 압송되었다.

　전연을 병합한 전진은 그 여세를 몰아 구지저(仇池氐), 양(凉), 대(代), 서역 등을 정벌하여 북방을 모두 손아귀에 넣었다.3) 이제 동진만 쓰러뜨리면 부견이 꿈꾸어오던 통일은 이루어질 것이었다.

　부견은 이상주의자였다. 영토 확장이나 인구를 탈취하기 위한 목적이 아닌 오직 천하를 통합하여 민중을 구제하고 싶다는 열망으로 동진을 정복하려 하였다고 한다. 자신의 꿈을 하루빨리 이루고 싶었던 부견은 주위의 반대도 무릅쓰고 결국 동진 토벌에 나섰다. 서기 383년(태원太元 8년) 수십만에 이르는 대군이 동진을 타도하기 위해 남하하였다.4)

부견은 자신에 차 있었으나 동진과의 비수(淝水)에서의 일전은 예상 밖으로 전진의 완패로 끝이 났다. 동진이 강을 건넌 후 결전을 원한다며 조금 물러나 줄 것을 요구하자 부견은 동진군이 강을 건너는 중에 기습할 생각으로 이를 허락하고 후퇴를 명령하였다. 그러나 전진군은 일단 후퇴하자 멈추기가 어려웠고 동진군은 강을 건너 혼란에 빠진 전진군을 공격하여 큰 승리를 거두었다.

이 한 번의 실패가 전진에게는 치명적이었다. 겉으로만 부견에게 복종하고 있던 각 민족들은 전진이 약점을 보이자 앞다투어 전진을 버리고 자신들의 정권을 세워 나갔다. 전진의 영토는 순식간에 붕괴되어 사방으로 찢겨 나갔다.

모용선비의 부활과 고구려의 대응

이렇게 좋은 기회를 모용선비가 놓칠 리 없었다. 전진에 속해 있던 모용선비는 이 사분오열 속에서 두 개의 정권을 세웠다. 전연의 명장이었던 모용수는 전진으로부터 정령(丁零) 토벌을 명령받고 군사를 이끌고 가던 중 오히려 이를 기회로 반란을 일으켜 연왕을 자칭하였다(서기 384년).5) 연나라의 부활이었다. 역사에서는 이를 후연(後燕)이라고 부른다.

같은 해 모용위의 동생 모용충(慕容冲) 또한 전진의 군사를 물리치고 황제를 칭하며 산서성 동남부를 근거지로 연나라를 일으켰다. 이른바 서연(西燕)이다.6)

고구려는 전진과는 비교적 우호적인 관계를 맺고 있었던 것으로 보인다. 널리 알려진 것처럼 불교가 공식적으로 고구려에 전래된 것도 이 전진에 의해서였다. 부견은 서기 372년에 고구려에 사신과 순도(順道)를 보내어 불상과 경문을 보내주었다. 그러나 얼마 지나지 않아 전진이 무너지고 그 자리를 다시 모용연이 차지하게 되자 고구려로서는 상당히 당혹스러웠을 것이다. 하지만 고구려는 머뭇거리지 않고 신속하게 후연에 대한 군사행동을 개시하였다.

고구려의 태왕 이련(伊連)은 서기 385년(고국양 임금 2년), 4만의 군사를 내어 후연의 요동을 습격하였다. 고구려군은 후연의 군사를 패배시키고 후연의 요동과 현도를 함락시켜 남녀 1만을 포로로 잡아 돌아왔다. 이때 탈취한 요동과 현도는 곧 후연에게 다시 빼앗겼으나 후연과의 첫 싸움에서 승리를 거둔 것은 의미 있는 일이었다.

새로운 시작

후연의 모용수는 주변 지역과 같은 모용씨의 나라인 서연마저 병합하고(서기 394년) 동진으로부터 산동 지역을 빼앗아 과거 전연의 전성기 때의 영토를 회복하기에 이르렀다. 그러나 뛰어난 군사 지도자였던 모용수가 사망하자(서기 396년) 안으로는 내란과 혼란이 거듭되고 밖으로는 서쪽에서 세력을 확장해 오는 탁발선비를 제어하지 못하고 있었다.

이러한 가운데 후연의 영토는 탁발선비의 북위(北魏)가 후연의 서울 중산(中山)하북 정현을 점령하면서 남북으로 쪼개져 산동 지역은 모용덕(慕容德)에 의해 남연(南燕)이 일어나고(서기 398년), 후연의 영토는 용성을 중심으로 한 북부만 남게 되었다.

당시 고구려의 태왕은 담덕이었으니 이러한 기회를 놓칠 리 없었다. 태왕은 숙군성을 깨뜨리고 연군을 점령하여 거침없이 후연을 몰아붙였다. 특히 서기 407년(영락 17년)의 승리는 결정적이었다. 이때 고구려는 보기 5만의 군사로 대승을 거두고 적의 갑옷을 1만이나 획득하는 전과를 올렸다. 이 싸움에서 사망한 후연의 군사는 대략 수만에 이른 것으로 추정된다.

이 와중에 후연의 군주 모용희(慕容熙)가 쿠데타로 살해되고 후연의 영토가 고구려에 병합되었다.[7] 이로써 고구려의 영토는 하북성 북경 지역까지 미치게 되었다.

뒤에 태왕의 배려로 후연 지역에는 고구려인 고운(高雲)을 군주로 하는 대연(大燕)이 세워지고 이어서 한족인 풍(馮)씨가 다스리는 북연(北燕) 정권이 일어났으나 모용씨는 다시는 집권하지 못했다. 북연의 마지막 임금 풍홍(馮弘)은 북위의 위협에 맞서 고구려에

220

의지하고자 하였고 결국 고구려에서 죽었다.

　모용희의 죽음과 함께 모용선비 정권도 역사 속으로 사라졌다.[8] 을불 이래 백여 년에 걸쳐 이루어졌던 고구려와 모용선비의 공방전은 이렇게 고구려의 승리로 막을 내렸다. 결국 을불의 시신을 모욕한 모용선비에 대한 복수는 확실하게 해낸 셈이다. 그리고 고구려는 이 복수의 성공과 함께 제국으로 도약하였다.

1) 윤내현 외 편저, 『중국사(1)』, 서울: 民音社, 1991, 207쪽.

2) 가와카쓰 요시오 지음, 임대희 옮김, 『중국의 역사─위진남북조』, 서울: 혜안, 2004, 333쪽.

3) 傅樂成 著, 辛勝夏 譯, 『增訂新版 中國通史(上)』, 서울: 宇鍾社, 1981, 306~307쪽.

4) 가와카쓰 요시오, 지음 임대희 옮김, 『중국의 역사─위진남북조』, 서울: 혜안, 2004, 334~338쪽.

5) 傅樂成 著, 辛勝夏 譯, 『增訂新版 中國通史(上)』, 서울: 宇鍾社, 1981, 318쪽.

6) 가와카쓰 요시오 지음, 임대희 옮김, 『중국의 역사─위진남북조』, 서울: 혜안, 2004, 340쪽.

7) 이인철, 『고구려의 대외정복 연구』, 서울: 백산자료원, 2000, 196~207쪽.

8) 산동의 남연 정권은 몇 년 동안 더 지속되었으나 서기 410년 동진에게 멸망하였다.

부록

미천 임금(재위 300~331) 시대의 세계

이 시기 세계사에서 가장 눈에 띄는 것이 기독교의 성장이다. 기독교는 당시 지중해 세계를 지배하고 있던 로마에서 공인됨으로써 이후 세계종교로 발전할 수 있는 강력한 발판을 마련하게 되었다.

로마가 기독교를 공인하기에 앞서 기독교의 확산을 보여주는 상징적인 사건이 있었다. 아르메니아에서 서기 301년 세계 최초로 기독교를 국교로 선포한 것이 그것이다. 아르메니아는 현재 터키와 이란 사이에 자리하고 있으며 서기 4세기 전반에는 로마와 사산조 페르시아 두 제국의 틈바구니에 끼여 두 세력으로부터 압력을 받고 있었다.

아르메니아에는 2세기부터 기독교가 전파되고 있었는데 전하는 바에 따르면 3세기 말 왕가 출신으로 기독교 전도에 헌신하고 있던 그레고리우스란 자가 아르메니아 왕의 불치병을 치료한 것을 계기로 아르메니아는 기독교를 국교로 받아들이게 되었다고 한다.

한편 로마는 전세기의 혼란이 일시적으로나마 수습되었다. 이
시기 로마의 대표적인 통치자는 디오클레티아누스와 콘스탄티누스
다. 3세기 로마는 안팎으로 심각한 위기에 직면해 있었다. 디오클레
티아누스의 즉위 전 약 반세기 사이에 26명의 황제가 즉위하였으며
그 대부분이 살해되거나 전사할 정도로 로마의 정치적 혼란은 극심
하였다. 이 시기에 외환도 끊이지 않아 사산조 페르시아가 일어나
동방을 위협하였고, 다뉴브 라인 강 지역에서는 게르만 족의 침입이
이어졌다. 디오클레티아누스는 이 같은 혼란을 수습하고 두 사람의
황제가 각각 한 사람의 부황제를 두어 로마를 통치하는 4제통치제를
수립하였다.

그러나 디오클레티아누스의 은퇴 후 곧 4제통치제는 내분에 휩싸
였으며 콘스탄티누스가 다른 경쟁자들을 물리치고 최후의 승자가
되었다. 콘스탄티누스는 서기 313년 밀라노에서 동방의 리키니우스
와 만나 기독교의 공인 및 종교 자유의 원칙 등을 결정하고 이를
밀라노 칙령으로 공포하였다. 그리고 제국의 유일한 통치자가 된
후 오늘날 이스탄불에 콘스탄티노폴리스를 세우고 서울을 로마에서
이곳으로 옮겼다(서기 330년).

일찍이 키케로는 유대인이 '야만적인 미신'에 빠져 있다고 비웃었
으나 밀라노 칙령으로 이제는 그 야만적인 미신에 빠진 유대인 예수
를 유일신으로 하는 믿음이 로마인의 공식종교가 되었다.

콘스탄티누스는 결코 선량한 인품의 소유자는 아니었으며 친아들 크리스푸스와 아내 파우스타를 살해하였다. 그런 콘스탄티누스가 기독교에 대하여 진정 어떠한 생각을 가지고 있었는지는 알 길이 없다. 콘스탄티누스는 서방의 패권을 장악하기 위해 전쟁중이던 서기 312년 밀비아 다리에서 하늘에 떠 있는 십자가의 모습을 보고 막센티우스에게 크게 승리를 거둔 것이 계기가 되어 기독교도가 되었다고 한다.

콘스탄티누스는 본래 태양신을 최고신으로 숭배하였던 것으로 보이는데, 태양신은 기독교의 전지전능한 유일신과 통하는 점이 있었다. 전제군주제를 추구했던 콘스탄티누스에게 기독교의 유일신 관념은 이해하기 어려운 것이 아니었을 것이다.

콘스탄티누스는 교회 일에도 주도적으로 참여하여 서기 325년에는 니케아에서 공의회를 개최하기도 하였다. 이 회의에서 아리우스주의가 이단으로 비난되었다.

서기 337년 임종 침상에서 비로소 침례를 받은 콘스탄티누스는 자신이 새로 건설한 콘스탄티노폴리스의 열두 사도 교회에 묻혔다. 이 소식을 들은 로마의 시민들은 격분했으나 원로원은 이 '기독교인' 황제를 신격화하였다.

콘스탄티누스의 죽음은 로마 역사에서 하나의 전환점이 되었다. 로마와 옛 종교의 우월성은 사라졌다. 남은 것은 신정주의 독재국가였다. 두 군주의 통치로 로마는 일시적으로 안정을 되찾았으나 제국의 쇠퇴를 근본적으로 막을 수는 없었다.

북인도에서는 서기 320년 무렵 찬드라굽타 1세의 등극에 의해 굽타 조가 성립하였다. 굽타 조는 이후 정복전쟁을 벌여 마우리아 왕조 이후 분열되어 있던 북인도 지역을 통일하게 된다.

아메리카 멕시코 지역에서는 아메리카 최초의 도시형 사회로 일컬어지는 떼오띠우아깐이 발전하여 거대 도시를 이루고 번성하고 있었다.

이 시기 북아프리카는 로마의 지배 하에 있었으며 상 나일 지역에서 자신의 토착문화에 이집트 문화를 받아들여 고유의 문자를 개발하고 피라미드를 세우는 등 독특한 문화를 자랑하던 쿠시 문명이 쇠퇴 멸망하였다.

참고문헌

다니엘 꼬시오 비예가스 외, 고혜선 옮김, 『멕시코의 어제와 오늘』, 서울: 단국대학교
　　　출판부, 1991, 37~38쪽.

마이클 파렌티 지음, 이종인 옮김, 『카이사르의 죽음』, 서울: 무우수, 2004, 31쪽.

閔錫泓, 『西洋史槪論』, 서울: 三英社, 1984, 148~153쪽.

유흥태, 『고대 페르시아의 역사—아케메니드 페르시아·파르티아 왕조·사산조
　　　페르시아—』, 서울: 살림, 2008, 69~71쪽.

이장식, 『아시아 고대 기독교사』(아시아교회사 1), 서울: 기독교문사, 1993,
　　　113~117쪽.

정병조, 『인도사』(세계 각국사 시리즈), 서울: 대한교과서주식회사, 2005, 96쪽.

크리스 스카레 지음, 윤미경 옮김, 『로마 황제』(갑인 크로니클총서 3), 서울: 갑인공
　　　방, 2004, 243~249쪽.

타임-라이프 북스 편집부, 『아프리카』(라이프 인간세계사), 서울: (주)한국일보
　　　타임-라이프, 1991, 35~38쪽.

연표

서 기	주요 사건	
	한 국	기타 세계
285 (서천16)	-모용외 모용선비의 군주로 즉위한 후 부여 침공, 부여 임금 의려 자살.	
286 (서천17)	-고구려 일우 발소의 모반사건 발생. -고구려 대방국 침공, 대방국을 원조한 백제와 충돌.	
289 (서천20)	-이 무렵 을불 태어남.	
291 (서천22)		-서진 가후, 양준을 죽이고 양태후 폐위시킴. 가후 여남왕 사마량을 죽임, 8왕의 난 시작됨.
292 (봉상1)	-고구려 임금 상부(봉상 임금) 즉위, 숙부 안국군 달가 살해.	
293 (봉상2)	-모용선비 고구려 침공. 북부소형 고노자 모용선비 격퇴. -상부 돌고 살해, 을불 도망.	-로마 황제 디오클레티아누스 4제통치제 수립.
294 (봉상3)	-상부 창조리 국상에 임명.	
296 (봉상5)	-모용선비 고구려 재침략, 서천 임금의 무덤 도굴을 시도했으나 실패.	
298 (봉상7)	-상부 을불을 찾아내 살해할 것을 지시.	
300 (미천1)	-낙랑, 대방국 신라에 귀복. -창조리 상부 폐위, 을불 즉위(미천 임금).	
301 (미천2)		-서진 조왕 사마륜, 가후를 살해하고 황제를 칭함.

230

		-아르메니아가 세계 최초로 기독교를 국교로 선포.
302 (미천3)	-을불 3만 군사로 현도군 침공, 8천의 포로를 획득 후 평양에 옮김.	
304 (미천5)	-백제 낙랑군의 서현 공격. -백제 분서 임금, 낙랑태수가 보낸 자객에게 살해됨.	-저족 이웅 성도왕을 칭함. -흉노족 유연 나라를 세우고 한이라고 칭함.
306 (미천7)		-서진 8왕의 난 종결, 동해왕 사마월 서진의 패권 장악.
311 (미천12)	-고구려 요동군 서안평 함락.	-흉노의 한, 서진 낙양 함락 (영가의 난). -모용외 선비족 소희련 목환진 격파, 그 세력을 병합.
313 (미천14)	-낙랑 대방군을 장악하고 있던 장통과 왕준 고구려의 공세를 견디지 못해 모용외에게 투항. -고구려, 낙랑군 정복.	-콘스탄티누스 1세 밀라노칙령, 기독교 공인.
314 (미천15)	-을불 사유를 태자에 책봉. -고구려 대방군 정복.	
315 (미천16)	-고구려 현도군 공파.	
317 (미천18)		-동진 성립.
319 (미천20)	-고구려 우문선비 단선비와 연합하여 모용선비의 도성 극성 포위. -서진 평주자사 최비 고구려로 망명. -장통 고구려 하성 공격, 고구려 요동 침공, 모용한 모용인이 고구려군 격퇴.	
320 (미천21)	-고구려 모용선비 요동 공격, 모용인 고구려군 격퇴.	-이 무렵 인도 찬드라굽타 1세, 굽타 조를 일으킴.
330 (미천31)	-을불, 후조 임금 석륵에게 호시를 보냄.	-콘스탄티누스 1세, 로마의 서울을 비잔티움으로 옮기고 콘스탄티노폴리스(콘

		스탄티노플)로 이름을 바꿈.
331 (고국원1)	-을불 사망, 사유 즉위(고국원 임금).	
333 (고국원3)		-모용외 사망, 모용황 즉위. -후조 석륵 사망.
336 (고국원6)	-모용황 모용인 공격, 동수 곽충 등 고구려로 도망.	
337 (고국원7)		-모용황 전연왕을 자칭.
338 (고국원8)	-후조 전연의 극성 공략, 봉추 송황 등 고구려로 도망. -후조 곡물 30만 석 고구려로 운반, 고구려 후조군사 1만의 고구려 영토 내 둔전 허락.	-모용황 후주 석호와 협공하여 단선비 멸망시킴.
339 (고국원9)	-모용황 고구려 침공하여 고구려 신성 공격, 고구려와 화친을 맺고 퇴각.	
340 (고국원10)	-고구려 세자를 사신으로 전연에 보냄.	
342 (고국원12)	-고구려 평양성에서 환도성으로 서울을 옮김. -모용황 고구려를 침공, 환도성을 함락하고 태후 주씨와 왕후를 포로로 잡고 을불의 시신을 파감.	-모용황 서울을 극성에서 용성으로 옮김.
343 (고국원13)	-사유, 아우를 전연에 보내 신하를 칭하고 미천 임금 을불의 시신을 돌려받음.	
344 (고국원14)		-전연 우문선비를 멸망시킴.
345 (고국원15)	-우문일두귀 고구려로 망명. -전연 모용각 고구려 침공, 남소성을 빼앗음.	
346 (고국원16)	-전연 모용황 부여 침공.	
348		-전연 모용황 사망, 모용준

232

		즉위.
349 (고국원19)	-고구려 송황을 전연으로 돌려보냄.	
355 (고국원25)	-태후 주씨 전연에서 고구려로 귀환.	
369 (고국원26)	-고구려 2만의 군사로 백제 공격, 백제에게 패배.	
370 (고국원40)		-전연 멸망.

(고국원18)

참고문헌

「高慈墓誌銘」 「國岡上廣開土境平安好太王陵碑文」

『東國李相國全集』 『東史綱目』

「冬壽墨書銘」 「牟頭婁墓誌銘」

『三國史記』 『三國遺事』

『與猶堂全書』 『帝王韻紀』

『海東繹史』

『北史』 『史記』

『山海經』 『三國志』

『世說新語』 『宋書』

『隋書』 『梁書』

『魏書』 『資治通鑑』

『戰國策』 『晉書』

『漢書』 『黃帝內經素問』

『後漢書』

234

가와카쓰 요시오 지음, 임대희 옮김, 『중국의 역사-위진남북조』, 서울: 혜안, 2004.

姜　仙, 「고구려와 전연(前燕)의 관계에 대한 고찰」, 『高句麗研究』 11, 2001.

_____, 「高句麗와 北方民族의 관계 연구-鮮卑·契丹·柔然·突厥과의 관계를 중심으로-」, 숙명여자대학교 대학원 사학과 한국사전공 박사학위논문, 2003.

강세권, 「덕흥리무덤벽화에 보이는 유주의 성격」, 『북방사논총』 9, 2006.

강윤동·임지덕 공저, 최무장 역, 『고구려의 전설』, 서울: 백산자료원, 2005.

강인욱, 「고구려 등자의 발생과 유라시아 초원지대로의 전파에 대하여」, 『북방사논총』 12, 2006.

강종훈, 「4세기 백제의 遼西 지역 진출과 그 배경」, 『韓國古代史研究』 30, 2003.

강현숙, 「고구려 고분에서 보이는 중국 삼연 요소의 전개과정에 대하여」, 『韓國上古史學報』 51, 2006.

高久健二, 「樂浪古墳文化 硏究」, 동아대학교 대학원 사학과 박사학위논문, 1994.

高國抗 지음, 오상훈·이개석·조병한 옮김, 『중국사학사(上)』, 서울: 풀빛, 1998.

국립중앙박물관 편, 『낙랑』(축약 보급판), 서울: 솔, 2001.

국방부 군사편찬연구소, 『한국고대 군사전략』, 2005.

김복래, 『프랑스 왕과 왕비, 왕의 총비들의 불꽃같은 생애』, 서울: 북코리아, 2006.

김봉철, 「이소크라테스 아테네의 실천적 지식인」, 허승일 외 지음, 『인물로 보는 서양고대사-고대 그리스에서 로마 제정 시대까지』(역사도서관 교양5), 서울: 도서출판 길, 2006

김용만, 『고구려의 발견 새로 쓰는 고구려 문명사』, 서울: 바다출판사, 1998.

_____, 『고구려의 그 많던 수레는 다 어디로 갔을까 고구려인들의 삶의 원형을 찾아서』, 서울: 바다출판사, 1999.

_____, 『인물로 보는 고구려사』, 서울: 창해, 2001.

琴京淑, 『高句麗 前期 政治史 硏究』(民族文化硏究叢書 89), 서울: 高麗大學校 民族文化硏究所, 2004.

기수연, 『『후한서』「동이열전」 연구-『삼국지』「동이전」과의 비교를 중심으로-』, 서울: 백산자료원, 2005.

金龍燮, 「六朝 建康의 郭 不在 현상-都城 구조의 이상과 현실」, 『서울大 東洋史學科論集』 31, 2007.

金俊秀,「모용선비의 초기성장과 한족(漢族)의 수용-유목제국 전통의 연속성과 관련하여-」, 중앙대학교 교육대학원 교육학과 역사교육전공 석사학위논문, 2004.

김종서,『한반도를 식민지배해 온 것으로 왜곡되어 온 한사군의 실제 위치 연구』, 서울: 한국학연구원, 2005.

남경태,『종횡무진 한국사(상)』(남경태의 역사 오디세이 3부작), 서울: 그린비, 2009.

니시지마 사다오 지음, 최덕경 · 임대희 옮김,『중국의 역사-진한사』, 서울: 혜안, 2004,

다케미쓰 마코토 지음, 김승일 옮김,『고구려 광개토대왕』, 서울: 범우, 2009.

동북아역사재단 편,『南北共同遺蹟調査報告書 증보판 평양일대 고구려유적』, 서울: 동북아역사재단, 2005.

류제헌,『중국 역사 지리』(서남동양학술총서 5), 서울: 문학과지성사, 1999.

리순진,『평양일대 락랑무덤에 대한 연구』, 서울: 중심, 2001.

리지린,『고조선연구』, 서울: 백산자료원, 1997.

린 화이트 주니어 지음, 강일휴 옮김,『중세의 기술과 사회변화』, 서울: 지식의풍경, 2005.

文定昌,『韓國古代史』, 서울: 인간사, 1988.

_____,『古朝鮮史硏究』, 서울: 흔뿌리, 1993.

박노석,「後漢, 魏, 晉 시기 낙랑의 역할」,『전주사학』8, 2001.

_____,「고구려 초기의 영토 변천 연구」, 전남대학교 대학원 박사학위논문, 2003.

_____,「서기 3세기 초의 고구려와 魏의 외교 관계」,『全北史學』24, 2004.

朴仙姬,「열국시대의 갑옷」,『檀國史學會 史學志』33, 2000.

朴洋震,「중국 동북지방의 鮮卑 무덤 연구」,『百濟硏究』32, 2000.

박진욱,「안악3호무덤은 고국원왕의 무덤」,『조선고대 및 중세초기사 연구』, 서울: 백산자료원, 1999.

박현진,「고구려시대 연꽃문양의 연구-와당과 벽화를 중심으로-」, 목포대학교 교육대학원 미술교육전공 석사학위논문, 2005.

裵眞永,「中國古代燕文化硏究-燕文化의 形成과 展開-」, 이화여자대학교 대학원

박사학위논문, 2001.

복기대, 「臨屯太守章 封泥를 통해 본 漢四郡의 위치」, 『白山學報』 61, 2001.

_____, 『요서지역의 청동기시대 문화 연구』, 서울: 백산, 2002.

傅樂成 著, 辛勝夏 譯, 『增訂新版 中國通史(上)』, 宇鍾社, 1981.

사마광 지음, 권중달 옮김, 『자치통감資治通鑑(10) 진(晉)시대 (Ⅱ)』, 서울: 도서출판
　　　　삼화, 2007.

_____, 『자치통감資治通鑑(11) 진(晉)시대(Ⅲ)』, 서울: 도서출
　　　　판 삼화, 2007.

사마광 지음, 신동준 역주, 『사마광 資治通鑑 삼국지(하)』, 서울: 살림, 2004

三崎良章 저, 김영환 옮김, 『五胡十六國−中國史上의 民族 大移動−』, 서울: 景仁文化
　　　　社, 2007.

서병국, 『고구려제국사』, 서울: 혜안, 1997.

徐榮教, 「고구려 기병과 鐙子−고구려고분벽화 분석을 중심으로−」, 『歷史學報』
　　　　181, 2004

孫璐, 「동북아시아 3~6세기 등자 고찰」, 전남대학교 대학원 인류학과 석사학위논문,
　　　　2009

孫秉憲, 「樂浪 古墳의 被葬者」, 『韓國考古學報』 17·18, 1985.

손영종, 「고구려의 령토확장에 대하여」, 『조선고대 및 중세초기사 연구』, 서울:
　　　　백산자료원, 1999.

_____, 『고구려사의 제문제』, 서울: 신서원, 2000.

宋桂鉉, 「韓國 古代의 甲冑」, 『한국고대의 갑옷과 투구』, 국립김해박물관, 2002.

辛勇旻, 『漢代 木槨墓 硏究』(學硏文化社考古學叢書 27), 서울: 學硏文化社, 2000.

신채경, 「고구려 안악3호분 묘주 연구: 분묘구조와 행렬도를 중심으로」, 영남대학교
　　　　대학원 미술사학과 미학미술사학전공 석사학위논문, 2006.

안병찬, 「장수산일대의 고구려 유적과 유물」, 『조선고대 및 중세초기사 연구』, 서울:
　　　　백산자료원, 1999

申采浩, 『조선 상고사(Ⅰ)』, 서울: 일신서적출판사, 1990.

안휘준, 『한국회화사연구』, 서울: 시공사, 2000.

양종국, 『中國 史料로 보는 百濟』, 서울: 서경, 2006.

吳江原, 「冀北地域 有柄式 靑銅短劍과 그 文化에 관한 硏究」, 『韓國 古代의 考古와 歷史』, 서울: 학연문화사, 1997.

吳永贊, 「樂浪 馬具考」, 『古代硏究』 8, 2001.

_____, 「기원 전후 樂浪郡 支配勢力에 관한 일연구」, 『國史館論叢』 104, 2004.

_____, 『낙랑군 연구-고조선계와 한(漢)계의 종족 융합을 통한 낙랑인의 형성-』, 서울: 사계절, 2006.

윤근일, 「풍납토성 발굴조사 성과와 그 의의」, 『중원문화논총』 4, 2000.

尹乃鉉, 「韓國 上古史 體系의 復元」, 『東洋學』 17, 1987.

_____, 『商周史』, 서울: 민음사, 1990.

_____, 『윤내현 교수의 한국고대사』, 서울: 三光出版社, 1991.

_____, 『고조선연구』, 서울: 一志社, 1994.

_____, 『한국열국사연구』, 서울: 지식산업사, 1998.

윤내현 외 편저, 『중국사(1)』, 서울: 民音社, 1991

윤상열, 「고구려 中期 天下觀의 推移」, 『高句麗渤海硏究』 30, 2008.

尹龍九, 「새로 발견된 樂浪木簡-樂浪郡 初元四年 縣別戶口-」(한국고대사학회 제95 회 정기발표회 발표문), 2007. 4. 14.

李道學, 「集安 地域 高句麗 王陵에 관한 新考察」, 『高句麗渤海硏究』 30, 2008.

李萬烈, 『講座 三國時代史』, 서울: 知識産業社, 1976.

李丙燾 譯註, 『三國史記(上)』, 서울: 乙酉文化社, 1990.

李秉斗, 「中國古代 郡縣 位置考-遼東・樂浪・玄菟郡에 대하여 4 -」, 단국대 학교 대학원 석사학위논문, 1988.

이이화, 『한국사 이야기(2) 고구려 백제 신라와 가야를 찾아서』, 서울: 한길사, 1998.

이인철, 『고구려의 대외정복 연구』, 서울: 백산자료원, 2000.

이종욱, 「『삼국사기』에 나타난 초기 백제와 풍납토성」, 『서강인문논총』 12, 2003.

_____, 『주몽에서 태조대왕까지 고구려의 국가 형성과 성장에 대한-모델 3』(서강 학술총서 002), 서울: 서강대학교출판부, 2008.

이지린·강인숙, 『고구려 역사』, 서울: 논장, 1988.

李亨求, 「渤海沿岸 大凌河流域 箕子朝鮮의 遺蹟·遺物」, 『古朝鮮과 夫餘의 諸問題』, 서울: 신서원, 1996.

_____, 『韓國古代文化의 起源』(까치東洋學 10), 서울: 까치, 1991.

李弘斗, 「高句麗의 鮮卑族戰爭과 騎兵戰術-특히 前燕·後燕·隋戰爭을 중심으로-」, 『史學研究』 75, 2004.

임용한, 『전쟁과 역사-삼국편』, 서울: 혜안, 2002.

張傚晶, 「3世紀 高句麗王의 平壤移居와 王權强化」, 동국대학교 대학원 사학과 석사학위논문, 2000.

全寬, 「백제 근초고왕의 고구려 평양성 공격」, 『軍史』 15, 1987

田中俊明, 宋永鎭 譯, 「幽州刺史 이름은 冊丘儉이 아닌 毌丘儉이다」, 『季刊 한국의 고고학』 가을호, 2008.

全春元, 『韓民族이 東北亞歷史에 끼친 影響』, 서울: 集文堂, 1998.

전호태, 『고구려고분벽화』, 서울: 연합뉴스, 2006.

정구복, 『인물로 보는 삼국사』, 서울: 시아출판사, 2006.

鄭世瑛, 「高句麗 美川王代의 平壤攻略과 그 意味」, 국민대학교 대학원 국사학과 한국사전공 석사학위논문, 2006.

정영진, 「고분 구조로 본 발해 문화의 고구려 계승성」, 『고분으로 본 발해 문화의 성격』(연구총서 19), 서울: 동북아역사재단, 2006.

정운용, 「金石文에 보이는 高句麗의 年號」, 『韓國史學報』, 5, 1998.

鄭寅普, 『朝鮮史研究 下卷』, 서울: 서울신문社, 1947.

존 로스 지음, 홍경숙 옮김, 『존 로스의 한국사』(그들이 본 우리 014), 서울: 살림, 2010

池培善, 「鮮卑族의 初期段階 氏族分裂에 대하여」, 『白山學報』23, 1977.

_____, 『中世東北亞史研究』, 서울: 一潮閣, 1986.

_____, 「裵嶷」, 『東아시아의 人間像』(黃元九教授定年紀念論叢), 서울: 도서출판 혜안, 1995.

_____, 『中世 中國史 研究-慕容燕과 北燕史-』, 서울: 연세대학교 출판부, 1998.

_____, 「高句麗와 鮮卑의 전쟁－慕容廆와 慕容皝을 중심으로－」, 『高句麗研究』
24, 2006.

크리스 스카레 지음, 윤미경 옮김, 『로마 황제』(갑인 크로니클총서 3), 서울: 갑인공
방, 2004.

크리스 피어스 지음, 황보종우 옮김, 『중국사』(전쟁으로 보는 세계전쟁사 002),
서울: 수막새, 2005.

한국역사연구회, 『고대로부터의 통신 금석문으로 한국 고대사 읽기』, 서울: 푸른역
사, 2004.

J. C. 블록 지음, 과학세대 옮김, 『인간과 가축의 역사』, 서울: 새날, 1996.

關野貞 等, 『古蹟調査特別報告 第四冊 樂浪郡時代の遺蹟』, 朝鮮總督府, 昭和 2年.

大原利武, 「朝鮮の古代史に就て」, 『文教の朝鮮』 91, 1933.

王建新, 『東北アジアの靑銅器文化』, 東京: 同成社, 1999.

高靑山 等, 『東北文化叢書 東北古文化』, 沈陽: 春風文藝出版社, 1992.

郭沫若 主編, 『中國史稿地圖集(上冊)』, 北京: 中國地圖出版社, 1996.

孫泓, 「慕容燕的實際締造者－慕容翰」, 『東北亞歷史與文化 達祝孫進己先生六十誕辰
之集』, 沈陽: 遼沈書社, 1991.

劉展 外 編, 『中國古代軍制史』, 軍事科學出版社, 1992.

劉秋霖 等 編, 『中國古代兵器圖說』, 天津: 天津古籍出版社, 2003.

林惠祥, 『中國民族史(上冊)』, 北京: 商務印書館, 1998.

찾아보기

ㄱ

가규(賈逵)　89
『가령(家令)』　57
가비능(軻比能)　47
가충(賈充)　88
가침(賈沈)　32
가후(賈后)　87, 88, 91, 92, 93, 204
갈(羯)　99
갈실(羯室)　132
갈족(羯族)　99, 132, 147
갈호(羯胡)　132
감신(龕神)무덤　197
강동(江東)　76
강족(姜族)　33, 99
객좌현(喀左縣)　108
갱시(更始)　104
거란　21
거련(巨連)　169
건강(建康)　130
건녕(建寧)　50
건라(乾羅)　51
건안(建安)　104
건업(建業)　100
건흥(建興)　100, 189

걸복(乞伏)　47
게르만 족　224
경(景)　189
경초(景初)　54
계(薊)　173
계단식 돌무지무덤　66, 67
고구려현(高句驪縣)　97
고국양(故國壤)　159
고국원(故國原)　65
고국원(故國原) 임금　22, 158, 166, 190,
　　193, 194, 197
고국천(故國川)　159
고국천(故國川) 임금　116, 195
고귀향공(高貴鄕公) 조모(曹髦)　89
고노자(高奴子)　36, 68, 69, 70
고밀(高密)　190
고운(高雲)　219
고자(高慈)　190
고조선(古朝鮮)　48, 49
곡림(鵠林)　36, 38, 69, 73
공손강(公孫康)　104
공손씨(公孫氏)　53, 54
공손연(公孫淵)　53
곽충(郭充)　144
관나(貫那)　194

광희(光熙) 98
구부 146
구자(龜玆) 169
구지저(仇池氐) 216
국강상(國岡上) 임금 166
국상(國相) 68, 69, 70, 73, 74, 75, 78,
　　79, 116, 117, 195, 196
국인(國人) 84
군삼로(郡三老) 104
굽타 조 226
그레고리우스 223
극성(棘城) 121, 124, 126, 127, 132, 145,
　　146, 150, 207
금용성(金墉城) 92
금주(錦州) 124
기독교 223
기린마 66
기림이사금(基臨尼師今) 113
기실참군(記室參軍) 봉유(封裕) 176
기자(箕子) 108
김유신(金庾信) 169

ㄴ

낙랑국(樂浪國) 112, 125
낙랑군(樂浪郡) 23, 55, 101, 102, 103,
　　118, 124, 131, 186, 205, 208
낙랑태수(樂浪太守) 106
낙양(洛陽) 50, 95, 98, 99, 205, 215
난하(灤河) 109
남부(南部) 대사자(大使者) 69, 196
남부(南部) 사자(使者) 69
남선우 99
남소성(南蘇城) 21, 157, 158
남연(南燕) 219
남연군 66

남옥저(동옥저) 35
낭야왕(琅琊王) 100
니케아 225

ㄷ

다뉴브 224
단(段) 47
단계(段階) 119
단군(檀君) 67
단동 101
단석괴(檀石槐) 47, 49, 50, 51, 52, 82
단선비 119, 120, 125, 127, 144, 146, 149,
　　185, 186, 207
단웅곡(斷熊谷) 152, 153
달가(達賈) 27, 29, 30, 31, 36, 37, 71,
　　75
담덕(談德) 21, 22, 23, 219
당태종(唐太宗) 154
대(代) 195, 216
대극성(大棘城) 120
대릉하 124
대무신(大武神) 임금 69, 113, 189
대방국(帶方國) 112, 113
대방군(帶方郡) 55, 103, 104, 114, 185,
　　186, 205, 208
대방현령(帶方縣令) 106
대선우(大單于) 57
대수 51, 52
대연(大燕) 219
대원군 66
대인(大人) 47, 49, 51, 129
대주부(大主簿) 69
대형(大兄) 36
대흥안령(大興安嶺) 46
도감(刀龕) 173

도이(島夷) 194
도하(徒河) 129
독발(禿髮) 47
독호 32
돌고(咄固) 27, 38, 71, 75, 77, 115, 208
돌무지무덤 67, 68, 135, 160, 164
돌칸흙무덤 160, 164
동명성제 66
동수(佟壽) 144, 161, 162
동양(東壤) 159
동이(東夷) 125
동이교위(東夷校尉) 32, 33, 122, 125
동이호군(東夷護軍) 172
동진(東晉) 99, 100, 131, 133, 215, 216,
    217
동천(東川) 159
동천(東川) 임금 21, 55, 101, 102, 116,
    191
동촌(東村) 64
동한(東漢) 43, 46, 50, 53, 83, 106, 111
동해왕(東海王) 98
동호(東胡) 45, 47, 50
동호왕(東胡王) 48
등자 201
디오클레티아누스 224
떼오띠우아깐 226

_ㄹ

라인 강 224
로마 223
루이 14세 90
루이 16세 90
리키니우스 224

_ㅁ

마리 앙투아네트 90
마리 테레즈 90
막북(漠北) 157
막호발(莫護跋) 52, 53, 54, 56
맥(貊) 49
명림답부(明臨荅夫) 74, 116, 195, 196
명림어수(明臨於漱) 116
모두루(牟頭婁) 33, 190
모본(慕本) 임금 50
모여니(慕輿埿) 152
모용각(慕容恪) 83, 157
모용덕(慕容德) 219
모용산(慕容刪) 57
모용선비(慕容鮮卑) 21, 23, 31, 32, 33,
    35, 45, 47, 50, 51, 52, 53, 54, 56,
    58, 73, 120, 125, 131, 185, 186, 188,
    202, 205, 206
모용성(慕容盛) 21
모용소(慕容昭) 143, 144
모용수(慕容垂) 216, 217, 218
모용약락외(慕容若洛廆) 56
모용외(慕容廆) 32, 33, 36, 37, 51, 53,
    57, 63, 64, 65, 68, 69, 73, 82, 118,
    119, 121, 122, 123, 126, 127, 128,
    129, 130, 131, 133, 134, 155, 175,
    189, 206
모용원진 190
모용위(慕容暐) 83, 216, 218
모용인(慕容仁) 131, 143, 144, 161
모용준(慕容儁) 172, 173, 216
모용충(慕容沖) 218
모용패(慕容覇) 83
모용평(慕容評) 175, 178, 216
모용한(慕容翰) 123, 129, 131, 134, 143,
    146, 148, 149, 152, 206

모용황(慕容皝) 22, 23, 129, 134, 143,
    144, 145, 146, 150, 151, 153, 154,
    158, 161, 172, 175, 176, 197, 206,
    216
모용희(慕容熙) 219, 220
목연(木延) 56
목환진(木丸津) 100, 122, 124
무(武, 을불의 아들) 115, 156
무구검(毌丘儉) 54, 55
무령왕릉(武零王陵) 163
무제(武帝) 87
무휼(無恤) 69, 83
묵특(冒頓) 45
미천(美川) 159
미천원(美川原) 135
미천(美川) 임금 22, 27, 80, 81, 135, 164,
    191
민제(愍帝) 100
밀라노 224
밀라노 칙령 224
밀우(密友) 56

_ㅂ

바얀(Bayan) 52
발소(素㪍) 28, 30
방본(龐本) 122
방진 56
배억(裵嶷) 129
백제(百濟) 43, 113, 188, 191, 197
벽돌무덤 112
병주(并州) 50
봉건(제) 88, 204
봉니 109
봉산(烽山) 72
봉상(烽上) 임금 27, 31, 196, 205

봉석(封釋) 122
봉유(封裕) 176
봉전(封悛) 122
봉추(封抽) 145
부건(苻健) 215
부견(苻堅) 176, 215, 216, 217, 218
부락(苻洛) 176
부여(夫餘) 32, 33, 35, 47, 58, 65, 70,
    106, 119, 188, 189
북경(北京) 48, 49, 219
북동촌(北洞村) 108
북부대형(北部大兄) 68
북부소형(北部小兄) 36
북연(北燕) 219
북옥저(北沃沮) 35
북위(北魏) 191, 193, 219
북제(北齊) 191
북표(北票) 124
북흉노(北匈奴) 46
불도징(佛圖澄) 169
브리오시 89
비(比) 46
비려 21
비류나(沸流邦) 194, 195, 196
비류부장   69
비류수(沸流水) 55
비류하(沸流河) 78, 107
비수(淝水) 217
비파형동검 48

_ㅅ

사관 192
사관제도 194
사구(奢句) 28
『사기(史記)』 48

사마(司馬) 161
사마경(司馬冏) 98
사마등(司馬騰) 98
사마량(司馬亮) 92
사마륜(司馬倫) 93, 94, 98
사마소(司馬昭) 89
사마업(司馬鄴) 100
사마염(司馬炎) 87, 88, 89, 90, 91, 119, 204
사마영(司馬穎) 94, 98, 99
사마예(司馬睿) 100
사마예(司馬乂) 94
사마옹(司馬顒) 94, 98
사마월(司馬越) 98, 99, 125
사마위(司馬瑋) 92
사마의(司馬懿) 53, 54
사마충(司馬衷) 87, 89, 90, 91, 92, 93, 94
사마치(司馬熾) 100
사마흌(司馬遹) 90, 93
사산조 페르시아 223, 224
사수촌(思收村) 76
사씨(謝氏) 93
사유(斯由) 114, 115, 144, 145, 146, 150, 152, 153, 156, 159, 166, 172, 173, 178
사자 70
사천 임금 29
산기시랑(散騎侍郎) 175
살수(薩水) 111
『삼국사기』 85, 103, 111, 155
삼국시대 47
상(商)나라 108
상당군(上黨郡) 132
상루(尙婁) 69
상부(相夫) 27, 28, 29, 30, 31, 36, 37, 58, 64, 65, 69, 70, 71, 72, 73, 74, 75, 80
상산왕(常山王) 사마예(司馬乂) 94
서대무덤 164, 165
서안평(西安平) 55, 101, 185, 186, 205
서양(西壤) 159
서역 216
서연(西燕) 218
서진(西晉) 31, 32, 43, 44, 57, 58, 87, 97, 99, 119, 120, 132, 204, 205
서천(西川) 159
서천(西川) 임금 27, 28, 34, 35, 38, 59, 65, 66, 113, 124, 155, 189
서한(西漢) 46, 96, 103, 208
석륵(石勒) 57, 99, 126, 132, 133
석암리 9호 무덤 111
석호 144
선비(鮮卑) 45, 46, 47, 49, 50, 98, 99, 122, 205
선비도독(鮮卑都督) 119
선비산 46
선우(單于) 45
선우량(鮮于亮) 151
섭귀(涉歸) 57
성도왕(成都王) 94, 98, 99
성제(成濟) 89
성종 66
소노연(素怒延) 121
소수림 임금 146
소열제(昭列帝) 190, 191, 192, 193, 194
소우(蕭友) 77, 78
소형 36
소희련(素喜連) 100, 122, 124
손권(孫權) 54, 102

손수(孫秀) 93
손정(孫丁) 32
솔의왕(率義王) 53, 55
송양 195
송황(宋晃) 145, 172
쇠(釗) 114, 190
『수서(隋書)』 190, 191, 192, 193, 194
수실촌(水室村) 38, 64
숙군성(宿軍城) 22, 219
숙신(肅愼) 29, 30, 34
순도(順道) 218
스키타이 202
시원(始元) 104
시초점(蓍草占) 91
신대(新大) 임금 74, 116, 195, 196
신라 43, 52
신성(新城) 21, 36, 68
신의주 101
신채호 81, 150, 154

_ㅇ

아르메니아 223
아리우스 주의 225
아불화도가(阿佛和度加) 152
아사달 67
아우구스투스 169
안국군(安國君) 29, 30, 37, 71
안악3호 무덤 112, 144, 160, 162, 163,
       165, 166, 197
안정복 208, 209
안평(安平) 101, 102
안평락미앙(安平樂未央) 101, 102
알선동(嘎仙洞) 46
압록(鴨淥) 77, 107
압록강 101, 102

약로(藥盧) 27, 30
양(凉) 216
양맥(梁貊) 30, 55
『양서(梁書)』 131
양준(楊駿) 87, 91
양태후 92
어부라(於扶羅) 99
여남왕(汝南王) 92
여노자(如奴子) 131
여울(餘蔚) 175
연(燕) 45, 48
연씨(椽氏) 116
연가(延嘉) 189
연군(燕郡) 22, 219
연꽃 무늬 168
연나(椽那) 194, 195, 196
연나부 116
연수(延壽) 189
연해주 30, 34
연호 189
열제(烈帝) 190, 191
염모(冉牟) 33, 190
염민(冉閔) 173
영가(永嘉) 99, 100, 122, 123, 125
영가의 난 100
영강(永康) 94, 189
영락 189, 219
영정하(永定河) 48
영초(永初) 106
영화(永和) 162, 167
영흥(永興) 99
예맥(濊貊) 50
예물(預物) 28
예수 224
오(吳) 33, 44, 53, 54, 87, 88, 100, 102

5부 196
오손(烏孫) 47
오천(烏川) 34
오페르트 66
5호 16국 시대 99
오환(烏丸) 44, 46, 49
오환족 98
옥저(沃沮) 32, 112
왕굉(王閎) 104
왕맹(王猛) 215
왕우(王寓) 150
왕웅(王雄) 47
왕자평(王子平) 81
왕조(王調) 104
왕준(王遵) 103
왕준(王浚) 98, 122, 132
왕후 154, 155, 156, 158, 166, 173
외척 44
요동(遼東) 125, 185
요동군(遼東郡) 49, 50, 55, 100, 101, 106,
    119, 124, 125, 185, 205, 208
요동태수(遼東太守) 49, 122
요서(遼西) 58
요서군(遼西郡) 50
요하(遼河) 48
용성(龍城) 22, 146, 150, 219
우굴로 81
우문(宇文) 47
우문걸득귀(宇文乞得歸) 133
우문굴운(宇文屈雲) 121
우문막규(宇文莫圭) 120
우문선비(宇文鮮卑) 58, 119, 120, 125,
    128, 129, 130, 132, 145, 146, 148,
    149, 157, 185, 186, 207
우문실독관(宇文悉獨官) 129, 132

우문일두귀(宇文逸頭歸) 147, 172
우불(憂弗) 81
우씨(于氏) 115, 116, 196
웅심산(熊心山) 67
원강(元康) 98
위(魏) 34, 44, 47, 53, 54, 55, 88, 109,
    125
위궁(位宮) 191
위만조선(衛滿朝鮮) 103, 110, 208
『위서(魏書)』 190, 191, 192, 193, 194
위수(魏收) 191, 192, 193
위징(魏徵) 191
유곤(劉琨) 132
유대인 224
유류(유리) 66, 195
유리 195
유리명왕(瑠璃明王) 49
유수(劉秀) 83, 104, 111
유연(劉淵) 99, 132
유연제국 203
유옥구(劉屋句) 56
유웅씨(有熊氏) 47
유유(紐由) 56
유주(幽州) 50, 125, 168
유주자사(幽州刺史) 47, 55
유주치중(幽州治中) 176
유총(劉聰) 99
유홍(游泓) 145
을불(乙弗) 23, 24, 27, 38, 39, 57, 71,
    75, 76, 77, 78, 79, 81, 84, 95, 96,
    107, 115, 116, 117, 124, 135, 154,
    155, 156, 159, 185, 194, 208, 209
을불리(乙弗利) 81
을파소(乙巴素) 195
음모(陰牟) 38, 64

248

읍루(挹婁) 34
응소(應劭) 108
의라(依羅) 32
의려(依慮) 32
의무려산 124
의현(義縣) 124
이련(伊連) 218
이세민 154, 191
이소크라테스 169
이스탄불 224
이웅(李雄) 99
이진(李臻) 122
일두귀 157, 158
일우(逸友) 28, 30
일축왕(日逐王) 46
임둔군(臨屯郡) 103, 109
임둔군 봉니 109
임진왜란 66

ㅈ

『자치통감』 131
장군무덤 67, 160
장사(長史) 129, 150
장사왕(長沙王) 94, 98
장사왕(長沙王) 사마예 98
장손무기(長孫無忌) 191
장수산 112
장안(張晏) 100, 109, 215
장통(張統) 103, 118, 124, 131
장하독(帳下督) 161, 163
재(宰) 36, 77
재모(再牟) 64
저족(氐族) 99, 215
전국시대(戰國時代) 45
전국 7웅(戰國七雄) 45

전연(前燕) 22, 143, 146, 150, 152, 157,
175, 178, 215, 216
전조(前趙) 132
전중장군(殿中將軍) 173
전진 178, 215, 217, 218
정동대장군영주자사(征東大將軍營州
刺史) 173
정령(丁零) 217
정인보(鄭寅普) 130
제갈량(諸葛亮) 47
제나(提那) 194
제나부(提那部) 115
제왕(齊王) 94, 98
제왕(齊王) 사마경(司馬冏) 94, 98
제왕(齊王) 유(攸) 89, 90
조맥남(鳥陌南) 79
조모(曹髦) 89
조불(祖弗) 77
조선 66
『조선상고사』 81
조선현 108
조왕(趙王) 93
조왕(趙王) 사마륜(司馬倫) 93, 94
조의 116
조조 104
졸본 107, 194
졸본부여 67
종장판주 197
좌가려(左可慮) 116
좌상시(左常侍) 151
좌장사 152
주(周)나라 48
주몽(朱蒙) 72
중산(中山) 219
중양(中壤) 159

중장 기병 201
중천(中川) 159
중천(中川) 임금 28, 29, 116
진(秦) 45
진개(秦開) 45
진번 104
집안시 33

ᅕ

차대(次大) 임금 74, 116, 196
찬드라굽타 1세 226
참군사(參軍事) 118
참진(僭晉) 194
창려(昌黎) 125, 157
창조리(倉助利) 68, 69, 70, 73, 74, 75,
  77, 79, 80, 116, 117, 196
천손 156
철기 56
초왕(楚王) 92
초왕(楚王) 사마위(司馬瑋) 92
초원(初元) 105
촉(蜀) 44, 47, 53
최도(崔燾) 130
최리 113
최비(崔毖) 125, 126, 128, 130, 186, 207
추모성왕 35, 72
추발소(鄒敄素) 69

ᅟᅥᅟᅟ

콘스탄티노폴리스 224
콘스탄티누스 224, 225
쿠데타 95
쿠시 문명 226
키케로 224

ᅡᅠᆯᅟ

탁발(拓跋) 47
탁발규 191
탁발선비 46
탁발예괴 191
태강(太康) 57
태령(太寧) 133
태백산(太伯山) 67
태성리3호 무덤 164, 165
태수(太守) 68, 118
태왕 156, 189, 190, 194, 196
태왕 무덤 161
태원(太元) 217
태원군(太原郡) 50
태자 114
태자사인(太子舍人) 89
태자사인(太子舍人) 성제(成濟) 89
태조(太祖) 임금 35, 49, 106
태화(太和) 216
태후 155, 156, 172, 173
태후 우씨 116
태후 주씨 152, 154, 158, 166, 172, 173,
  174
태흥(太興) 131
토욕혼(吐谷渾) 47
투르크 202
투만(頭曼) 45
티베리우스 169

ᅟᆵᅟ

8왕(八王)의 난 88, 98, 119, 205
평규(平規) 176, 177
평양(平壤) 95

250

평양(平陽) 99, 102, 106, 111
평양 동황성 158
평양성(平壤城) 27, 106, 149
평양지(平壤志) 107
평적장군(平狄將軍) 83
평주자사(平州刺史) 125, 131
평주자사동이교위(平州刺史東夷校尉)
    125
풍납토성 178
풍홍(馮弘) 219
피라미드 67

_ㅎ

하간왕(河間王) 94, 98
하감(何龕) 32
하서군(河西郡) 50
하성(河城) 131
하후씨(夏侯氏) 104
학반령 83
한(漢) 34, 99
『한서(漢書)』 108
한수(韓壽) 129, 152, 153, 154
한왕(漢王) 99
함강(咸康) 143
함녕(咸寧) 125
해모수 66, 67
현도(玄菟) 125, 186
현도군(玄菟郡) 50, 95, 96, 97, 104, 185,
    186, 188, 205, 208
혜제(惠帝) 92, 94
호시(楛矢) 34, 133
호양(好壤) 159
호오환교위(護烏桓校尉) 47
호한야선우(呼韓邪單于) 46
환관 44

환나(桓那) 194
환도 191
환도성(丸都城) 22, 56, 149, 150, 152,
    154
환웅(桓雄) 67
환인현(桓仁縣) 81
황룡(黃龍) 66
황제(皇帝) 189, 194
황제(黃帝) 47
회제(懷帝) 100
후산(侯山) 80
후연(後燕) 21, 22, 218, 219
후조(後趙) 57, 132, 144, 145, 173, 185,
    186
『후한서(後漢書)』 106
휴인(休忍) 176, 177
흉노(匈奴) 33, 44, 45, 50, 51, 99, 110,
    154, 202, 205

지은이 **이 성 재**

단국대학교 서울캠퍼스 사학과 졸업
청소년 신문(www.theyoungtimes.com)에 역사 칼럼 연재(2001~2002)

저서_ 『잃어버린 나라 낙랑』(어드북스, 2007), 『대무신왕 무휼』(혜안, 2008)

태왕의 꿈 고구려 중흥의 군주 미천왕 평전

이 성 재   지음

2010년 9월 28일 초판 1쇄 발행

펴낸이 · 오일주
펴낸곳 · 도서출판 혜안
등록번호 · 제22-471호
등록일자 · 1993년 7월 30일

⑰ 121-836 서울시 마포구 서교동 326-26번지 102호
전화 · 3141-3711~2 / 팩시밀리 · 3141-3710
E-Mail hyeanpub@hanmail.net

ISBN 978-89-8494-399-5 03910

값 12,000 원